弁護士の散歩道 Ⅵ

時の花を求めて

福山孔市良

清風堂書店

ピレネー讃歌

サン・マルタン・デュ・カニグー修道院全景

ピレネー讃歌　マリーローリー一家と

思い出の

イタリア　アラーニャ村（標高1190m）

シュバルツゼー

ヨーロッパアルプス

マターホルンを
バックに▶

サースフェー　フェルスキン（標高2997m）

ルツェルンの木造屋根付き「カペル橋」

西南フランスの美しい村と

サンテミリオン　世界遺産の村とブドウ畑

夕日に照らされるドリドーニュ川

ロカマドール全景

ロマネスクへの道

ガチョウ広場

思い出写真館

生後５か月ごろ
（1938年７月）

大阪市立田辺小学校６年生
孔市良は２列目
右から７人目

1968年　加藤充法律事務所の所員と

第19期青法協の
仲間と高野山で

池谷初子宅にて
長唄の練習

2014年５月
秀雛会　結成10周年発表会
国立文楽劇場

サンクトペテルブルグとキジ島

ロシア
ミハイロフスキー劇場にて
「眠れる森の美女」

キジ島と世界遺産　木造建築

目次 ＊ 弁護士の散歩道Ⅵ 時の花を求めて

第一章　日本の源流を訪ねて

民謡ふるさと紀行

私と民謡

民謡ふるさと紀行を書いてみる気になったきっかけからはじめてみたいと思う。

私は六〇歳になった時、人に誘われたこともあって長唄と三味線を習うことになった。ピアノもギターも全くやったこともないのにいきなり三味線をはじめたが、上手になりようもなかった。それでも七〇歳まで一〇年間がんばって「秋の色種」や「娘道成寺」ぐらいまでは進んだ。ただ、長唄は大衆的ではないし、どこでも気楽に三味線をひいたり、唄ったりできるわけでもない。七〇歳になって正式に習うことはやめてしまった。しかし月に一、二度は八〇歳をすぎたおばあちゃんらと「岸の柳」「都鳥」「越後獅子」などポピュラーな曲を忘れない程度にやってきた。

そうこうするうちに二〇一一年六月になって、これも民謡と民謡の三味線をやらないかと人に誘われて、民謡をはじめることになってしまった。民謡の三味線は、長唄の三味線より短いし、おさえる場所が違うので、すぐに慣れなかった。しかし原理は同じなので、徐々にましになってきている。

先生は東大阪の藤本秀雛さんで、稽古も熱心だし、教え方も上手で今では、私も真面目に習っている。ただ、八〇歳に近い私にとって、唄は声を高く出さんといかんということもあって、しんどい思いをしているる。ただ年齢からいってこれは仕方ないこととあきらめて下手な唄を恥ずかしげもなく唄っている。

なぜ、今更民謡なのかと聞かれれば、少し動機らしいものを心の中に持ち続けていた。

一つ目は、一〇年前に富山県の越中八尾の風の盆を

藤本 春駒 十三回忌追善 秀雛会 発表会 平成29年5月5日 於国立文楽劇場
「山中節」を唄う

見に行ったことをきっかけに、民謡「越中おわら節」を唄えるようになりたいと思うようになったことだ。

二つ目は、昭和三六、七年頃一緒に司法試験の勉強をしていた岐阜県の郡上八幡出身の友人、野田修正君が二七歳で胃がんのため死亡したことがいつまでも心に残り、郡上八幡の盆に踊られる「郡上節」を聞くと、郡上一揆のことや、郡上八幡の町と、野田君を思い出してきたことだ。

三つ目は、私の亡くなった父は若い頃詩吟の先生をしていたが、老齢になってからは、生駒市の寿大学で民謡を習いだして、時々家でも「山中節」を上手に唄っていたことで、民謡を日常的に近いものと感じていたことが挙げられよう。

日本全国に残っている民謡の数は、どれ程かは、数えられない位と思う。民謡を習いだして感じたことは、唄の内容がほとんど労働歌であって、地方地方の昔の労働の具体的内容が方言と共に唄われている。

最近は、秋田県仙北地方（田沢湖のあるところ）の「ひでこ節」を習っている。「秀子節」とも書かれているが、なんだか秀子という女性の唄かと思ってしまうが、決してそうではない。「ひでこ」というのは、アスパラに似た山菜のシオデのことで、シオデにコがついて、「シオデコ」「ヒデコ」になったといわれている。

この唄は、慶長年間一七世紀はじめ、秋田藩の税制改革で田沢湖周辺の山村では米がとれないので、米の代わりに、たきぎやこのひでこを納めてもよいということになり、山菜採りやそま人達が唄いだした民謡である。

民謡のルーツを見ると九州の熊本県の島原や佐賀県の馬渡島から日本海を北上して能登半島や富山、新潟、佐渡などに伝えられてきたことがわかる。「越中おわら節」や「佐渡おけさ」などは熊本の「牛深ハイヤ節」が北上したもので、「牛深ハイヤ節」がそのはじまりといわれている。江戸時代以前からの全国的な民謡の流れがわかって少し勉強すると興味深い事実を見い出すことができる。

富山県五箇山「麦や節」

五箇山地方と「麦や節」と「コキリコ」

平成二四年春から城塚弁護士と富山地方裁判所高岡支部での遺産分割の事件を受任してかよっていた。そのついでに、高岡市内や氷見線の氷見や雨晴《あまはらし》海岸などに行って、縄文時代から前田利長の時代の遺跡や国宝を見て歩いた。

六月一八日（月）は遺産分割調停が成立する最終の期日ということもあって、その機会に、私は前日の日曜日に高岡から城端《じょうはな》線に乗って終点まで行き、バスで五箇山を訪ねることにした。

五箇山には、世界遺産の合掌造りの家屋があり、岐阜県側の白川郷の合掌集落と一体となって日本の原風景と出逢うことができる。

むぎや節祭り

五箇山は「麦や節」と「こきりこ節」のふるさとであって、今年の春には「麦や節」を習ったものだから、一度は訪ねてみたいと思っていた。

五箇山地方は平家落人の里と言われており「平」の付く地名も多い。また「麦や節」は五箇山地方の平家落人の唄として唄い続けられてきた。

六月一七日は日曜日で、くもり空であったが、お天気は大丈夫そうである。

大阪駅を八時四〇分に出発するサンダーバードに乗って高岡駅に到着したのは一一時四五分、接続もよく一一時五一分の城端《じょうはな》線の城端行に乗る。城端線に乗るのは、はじめてのことで、城端と書いて「じょうはな」と読むということもこの列車に乗ってはじめてわかった。後日調べてみると、この城端線はまだ北陸鉄道が走る以前の明治三〇年（一八九七年）に中越鉄道として、そして富山県初の鉄道として開業した名誉と伝統のある鉄道である。現在、高岡から城端駅まで二九・九キロ、一二の駅のある砺波平野を普通列車のみ運行されている。この線も西日本旅客鉄道は、二〇一四年には廃線にするといっているらしく、これをめぐって、こちらでは論議がされているようである。城端駅には一二時三三分に到着した。この駅から五箇山に行くバスに乗り継ぐことができる。

高岡駅から来る加越能バスで五箇山白川郷へは約一時間、二〇〜三〇キロの距離である。

城端駅舎の前には、城端むぎや祭と城端曳山祭の大きな看板が出ている。そのすぐ横には「城端は機《はた》の声の町なり。寺々は本堂の扉を開き、聴聞の男女傘を連ね、市に立ちて甘藷の苗売もの多し、麻の暖簾京めきたり」との民俗学者柳田国男の看板も立っている。駅のパンフレットを見ると今年のむぎや祭は九月一五日と一六日、曳山祭は毎年今月中旬で今年はもう終わっていた。

バスは一三時二五分なので、食堂で軽い昼食を食べて時間待ちをして、時間通りに来たバスに乗る。乗客は私と女性一人の二人だけであった。五箇山地方は、相倉集落と菅沼集落にそれぞれ合掌造りの集落があり、白川郷萩町集落の合掌造り集落と共に一九九五年一二月、世界遺産に登録された。昭和四〇年代は狭い山道で道もガタガタで城端から二時間以上も掛かっていたが、観光客も急に増加して、今では半分以下の時間で五箇山に行くことができるようになった。

麦屋節の里・五箇山

三〇〇メートルを超える五箇山トンネルを過ぎるとすぐ、相倉の合掌造り集落がある。バス停から三〇〇メートル程坂道を登らないと集落は見えない。ここを下ると下梨の村に出る。この村の入口には大きく「麦屋節の里」の看板が出ていて、ああ、ここが五箇山の麦屋節のふるさとかと気付かされる。

この下梨では、毎年九月二三、二四日頃、地主神社で「五箇山麦屋まつり」が開催される。もう少しバスが進むと、上梨の村が出てくる。この村の入口には「コキリコの里」の看板が出てくる。この村でも毎年九月二五、二六日頃「こきりこ祭り」がこの村の白山宮で開かれ、観光客を集めているということである。

今日は、この上梨の村でバスを降りて、一時間三〇分ばかり見学して、バスで城端からすぐの福光の川合田温泉に一泊し、翌日再び菅沼集落に来る計画である。

上梨には国指定重要文化財の合掌造りの代表建築「村上家」、同じく国の重要文化財の白山宮（室町初期の富山県最古の木造建築）もあり、民謡の「こきりこ節」もあるむらで、ここで富山県の三大民謡の「越中おわら節」「麦や節」「こきりこ節」のうち二つがこの五箇山で唄われている。また、この二つの民謡は一九七三（昭和四八年）一一月五日、国の選択無形民俗文化財に選択されている。こんなことでこの村での二つの民謡の資料を入手したいと望んでいた。そして昭和四六年に書かれた地元の小坂谷福治著『五箇山の民俗史』を平成一四年に上平村教育委員会が再度出版した。地元の人の民俗文化史の本と同じく、この村のお寺の住職の高桑敬親さんが書いた古代民謡『筑子《こきりこ》の起源考』の二冊を、どちらも村の土産物屋で偶然見つけて買い入れることができ、その日の夜に二冊をほとんど読んでしまった。

これらの五箇山の人の書いたものを中心に「麦や節」と「コキリコ」について書きすすめることにしたい。

富山県の民謡「麦や節」について

私は民謡の「麦や節」は、平成二三年の秋から同二四年の春にかけて、唄の練習をして何とか唄えるようになった。平家落人部落の民謡として有名なので、その歌詞を三つ程紹介しておこうと思う。

「麦や節」

①麦や菜種はイナ　二年でイナ　刈るにヤーイナ
麻が刈らりょうかイナ　半ナ土用にイナ
②烏帽子狩衣イナ　脱ぎ打ちイナ　捨ててヤーイナ
今は越路のイナ　杣《そま》屋かなイナ
③川の鳴瀬にイナ　絹機イナ
たててヤーイナ　波に織らせてイナ　岩に着しょイナ

まず、この一番の歌詞の唄い出しが、「麦や菜種は…」であることから、この唄が「麦や節」と呼ばれるようになった。次に二番の歌詞は、平家の高貴な落人が、「烏帽子や狩衣を脱ぎ打ち捨てて今は木こりをしている。」という意味で歌詞からして、落人の唄らしい。三番はその人たちが、川の側で絹機を織っている姿が唄われている。もう一つ落人の唄とはっきりわかる歌詞を書いておく。

波の屋島をイナ　遠く逃れナ　来てヤーイナ
薪樵《たきぎこ》るちょうイナ　深山辺にイナ

しかし、はたして平家の落人によって創られた唄かといえばそうではなさそうだと思われる。確かに五箇山には寿永二年（一一八三年）倶利伽羅峠の戦いで敗れた平家の武将達が逃げ隠れて住み着いたという伝説は真実に近いと考えられている（『五箇山の民俗史』落人の伝承九七頁〜）。ただ、前記『五箇山の民俗史』の著者は、五箇山の長老達の話として「昔は麦や節というのはなかった話だ」と言っている人も多いし、「五箇山麦屋まつり」で踊られている落人の姿の踊りも著者が昭和四五年頃、この踊りを創作した人に出会ったと書いている。そんなことでこの「麦や節」は、幕末から明治のはじめにかけて能登方面から輸入されたものと

（『日本民謡大観』町田嘉章　日本放送出版協会）いう説が現在では有力のようである

「麦や節」のルーツに関連して

『日本民謡大観』の中で町田嘉章氏が「麦や節」のルーツは、能登方面と指摘されたことについて述べたが、秘境といわれる五箇山の山奥にどうして能登方面から「麦や節」が伝えられたのか不思議といわねばならない。ところが、能登半島の輪島門前町には能登麦屋節がありこの歌は、昭和四三年、石川県の無形文化財に指定されている。

　能登麦屋節
麦や小麦はイナー　二年でイナー
（チョイト）　孕むヤイナー
米やおろくはイナー　（チョイト）
年サイヤナー　孕みヤー
（アラ　チョイト　年孕みヤーイナー）
米やおろくはイナー　（チョイト）
年サヤイナー　孕みヤー

この麦屋節は、輪島の素麺《そうめん》を生産する際に小麦を杵でひいて粉にする時の粉ひき唄といわれている。この地方では素麺屋のことを麦屋と言ったらしい。この麦屋節が富山湾の氷見から高岡そして庄川を遡って五箇山に伝えられて、平家の落人伝説と結びつけられ、それにふさわしい歌詞を創られ、今日まで伝承されてきたと考証されている。

しかしこれでも未だ終わらない。「輪島麦屋節」には、歴史があり、麦屋節の前には七尾まだらとか輪島まだらという民謡があり、この「まだら」は、藩政時代に廻船問屋が正月に船頭や水夫を招待して宴会を開催した折りに手拍手のみで厳粛に唄われたと伝えられている。そしてこれらの「まだら節」の系統にはルーツがあり、それは能登半島からはるか遠い佐賀県唐津市の呼子の港町から現在でも四五分間も船に乗って到着する玄界灘に浮かぶ佐賀県最大の島馬渡島《まだらしま》の古民謡「まだら節」がそれである。このまだら節の歌詞は「めでためでたの若松様よ」と唄われるもので、これだとああどこかで聞いたと思い出す人は多いと思う。

この唄は、鎌倉時代から馬渡の人が北前船の乗組員をして能登半島や北陸、東北に航海する中でそれらの地に「まだら節」を伝えた労働歌なのである。海の労働歌が麦つき労働の唄になり、五箇山では落人の木こりや機織りの唄に発展したと言えよう。

なんとなく唄われている各地の民謡もその土地の歴史や日本各地との交流を通して地域の人

の労働の中から労働歌として創作され伝承されたものが多いことが理解できる。

城端むぎや祭

二〇一二年九月一五、一六日の両日城端《じょうはな》むぎや祭りが開催された。昭和二六年から六二回目のむぎや節祭りである。町のあちこちで町ごとに麦や節が唄われ、踊られるが、メイン会場は善徳寺の境内での各町や各地からの特別出演で一五日は午後三時三〇分から九時四〇分まで開催される。今回は震災に遭った南相馬市原町民謡連合会の人々も参加している。最後を飾るのは越中五箇山麦屋節保存会の人々の唄と踊りである。もう一つ特別なことは、善徳寺の屋根の瓦葺をすべて撤去して五年をかけて銅板葺にするため、今回のむぎや祭りが終わると現在の瓦葺屋根を撤去する作業

城端むぎや祭

に入るので五年間はここの境内は使えない。戦後六二年間瓦葺の下で踊ってきた踊りも今回が最後である。

私は一五日の夕方まで善徳寺で次々に演じられる麦や節、トイチンサ、コキリコの踊りなども見て、中途から五箇山の国民宿舎に移動した。この日は土曜日なので五箇山の世界遺産、相倉集落がライトアップされ、七時三〇分から五箇山コキリコ保存会のメンバーによって野外舞台でコキリコの踊りが特別に披露されるのでこれを見るため国民宿舎に泊まってここの車で送り迎えをしてもらった。これは本職の唄と踊りで、コスモスの咲く中で、バックに世界遺産の合掌造りの家の明かりのもとでライトアップされた踊りは見応えがあった。

富山県八尾「越中おわら節」と「風の盆」

越中八尾《やつお》おわら風の盆は、毎年九月一日・二日・三日の三日間開催される。私も一九九九年九月一日に風の盆を見に行ったことがある。もうずい分前のことであるが、その時もバス、車、人とものすごい混雑で午後一〇時過ぎに帰ろうとバスに戻ったけれど、駐車場から出られたのが夜中の一二時近くになり、石川県の山城温泉に帰ってきたのは真夜中の午前三時近くになっていた。この経験から、その後風の盆には行くことを諦めていた。

ところが本番三日間の混雑を緩和するためか、八月二〇日から三〇日までの一一日間、前夜祭を八尾の一一カ所の町で順番に毎晩開催していることを最近知ることができた。

一一日間の中間日の日曜日には上新町の八尾曳山展示館ホールでおわらのど自慢大会もあり、同時に毎夜同じ場所でステージ踊りも開催されている。

急に思いついて二〇一二年八月二四日（金）、富山県の高岡から出ている城端線の終点の城端駅の二つ手前の福光駅から医王山のふもとの福光温泉に泊まって、「風の盆」前夜祭に行くことにした。一軒家の温泉ではあるが、泉質はなかなかいい。ここから旅館が車で八尾まで一時間で送り迎えをしてくれるのだが、何故福光温泉かといえば、理由はある。

ここの女将さんの太田まり子さんは、二〇一〇年越中おわら全国大会で優勝し、二〇一一年にも北日本民謡富山県大会で大賞になるなどの経歴の持ち主である。

何人か集まれば八尾に行く前に越中おわら節を教えてくれるということである。この日は夕方温泉に入り、夕食を食べてすぐに旅館の車で八尾に出発した。八尾は北陸本線富山駅から飛騨高山方面に四つ目の駅にある町なので、福光からは一つ山を越して行かねばならない。それでも一時間もあれば八尾の町に到着することができる。八尾の町で流れている井田川に架かる禅寺橋のすぐそばにある大きな駐車場に車を停めて、駐車場の前から一〇〇円均一の町巡りバスに乗って、今夜の会場の天満町で下車したのは、午後七時三〇分だった。

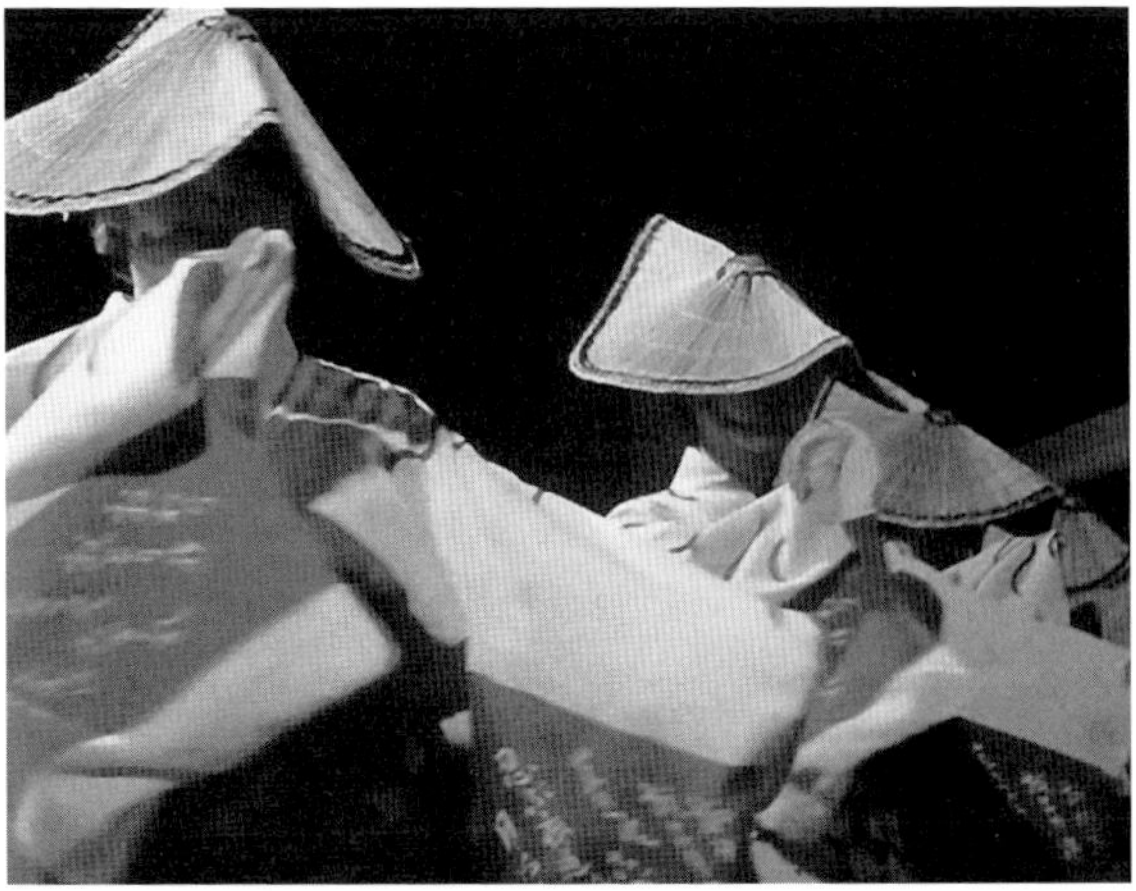

越中おわら風の盆

風の盆前夜祭、天満町にて

天満町は高山線の八尾駅に一番近い町で、井田川の十三石橋を渡ってすぐである。この町の中に天満宮があり、今夜はこの天満宮の入口に三味線、胡弓、太鼓、そして唄い手さんが陣取り、その前の道路を舞台に編み笠姿の男女が中心になってゆったりと踊るのである。ここもカメラマンと見物客で道路の両端は満員だけれど、それでも唄を録音しつつ、踊りを見物するのには支障はない。

「越中おわら節」の歌詞は、一番は次の歌詞である。

来る春風　氷が解ける（キタサノサーア、ドッコイサノサー）
うれしや気ままに　オワラ　開く梅

そして沢山の歌詞があるが、

八尾よいとこ　おわらの本場　二百十日を　オワラ　出て踊る
唄で知られた　八尾の町は　盆が二度来る　オワラ　風の盆
唄の町だよ　八尾の町は　唄で糸取る　オワラ　桑も摘む

などはよく歌われている。

毎年九月一日・二日・三日の盆踊りは全国でも珍しいと思う。九月一日は旧暦の八月朔日で、八朔《はっさく》、二百十日、など特別な呼び方で日本では風の厄日とされている。この風を鎮めたいために祈り踊るのが風の盆の名称の由来だといわれている。

ただ、福光から八尾まで車を運転してくれたおじさんに聞くと、「風の盆」は養蚕業に関する踊りで、カイコのようにのんびりした踊りなんだと説明してくれていた。何故かというと、養蚕業はカイコを育てる蚕室の風通しのよいことが必要で、しかも桑の葉の害虫を風が吹き飛ばしてくれるので、農業には風が害でも養蚕業には大切なので、これに感謝する踊りなんだということで、踊りそのものも、胡弓三味線に合わせてゆったりのんびり流していく感じである。

越中おわら節はどこから来たのか

私は七〇歳を過ぎてはじめて「越中おわら節」を習ったせいもあって、はじめの「来る春風」の「きたる（……）」の「き」は頭のてっぺんから声を出して唄うことが求められるので、声が出なくって苦労した。踊りはのんびりしていても、唄は甲高い調子の唄である。

天満町の唄い手さんも、女性が唄っているのかと思って顔を見ると若い男の人で、女性の甲高い声を出して唄うのでびっくりした。

「越中おわら節」について百科事典で調べると、高音から唄いだされる民謡のルーツは、熊本県、天草島の最南端の牛深の港のある「牛深ハイヤ節」がそのはじまりであると紹介されていた。日本海側の民謡で高音で唄いだされる唄は「安来節」以外はほとんど「ハイヤ節系」の流れを汲んでいるといわれている。浜田節（島根）、宮津アイヤエ踊り（京都）、加賀ハイヤ節（石川）、佐渡おけさ（新潟）、庄内ハイヤ節（山形）、津軽アイヤ節（青森）、ソーラン節（北海道）。日本海側が多いのは、江戸時代からの北前船の航行と深い関係があると思われる。

「越中おわら節」からいえば、能登半島富山湾を航行していた北前船の船員が交易と同時にハイヤ節を八尾にもたらしたのではないかと考えられている。富山県では能登半島や五箇山で唄われている「麦や節」が有名であるが、これは佐賀県の呼子のすぐ近くの島「馬渡島《まだら》」の「まだら節」の流れだといわれている。これも北前船の影響と指摘されており、「越中おわら節」と合わせて考えると面白い。

午後一〇時すぎ頃まで天満町で踊りを見て、一時間かけて福光温泉に帰り着き、一風呂浴びて寝てしまった。

なお、福光の町は棟方志功が一九四五年から六年八カ月疎開していた土地であることはあまり知られていない。

この町の南砺市立福光美術館には、棟方志功の七年間の疎開時代の作品が多く展示されており、「世界のムナカタがわかる美術館」として知られている。福光駅前などは棟方志功の紹介作品だらけで、棟方志功の町の趣である。

佐賀県馬渡島と「まだら節」

二〇一二年（平成二四年）は富山県の高岡で、城塚弁護士と遺産分割の事件で、高岡の家庭裁判所に何回も通った。一人で行くこともあったので、その前後に五箇山や城端、福光、八尾《やつお》などに立ち寄って富山県の民謡を見聞きした。

ところで、能登の七尾や輪島ではもう一つ、「七尾まだら」「輪島まだら」が今日までずうっと唄われており、毎年「まだら大会」も、七尾でも輪島でも開催されており、ますます盛んになってきている。千人が歌う「能登の第九」まだら公演も毎年一一月二三日に開催されている。歌詞は花笠音頭でもおなじみの「めでためでたの若松様よ　枝も栄える　葉も茂る」というものである。花笠音頭は大正か昭和になって唄われるようになった新しい民謡であるが、この歌詞は古い古い歴史をもっているようだ。ただ、この七七七五調の歌詞をゆっくりゆっくり四分あまりもかけて唄い上げるところに「まだら」の最大の特徴がある。手拍子も一曲の間に約八〇回も入るので、長い曲に聞こえる。

石川県では一九六六年（昭和四一年）に無形文化財に指定しており、今では石川県を代表する民謡の一つになっている。

この「まだら」はどこから伝えられたのかというと、佐賀県の一番大きな島、馬渡島の漁師唄が北前船の漁師によって能登半島、新潟、秋田、近くは紀伊半島の各地に伝えられたというのが広く認められた起源とされている。

一体「馬渡島」は佐賀県といってもどこにあるのか、又どう読むのか知らない人も多いと思う。馬渡島はまさに「まだらしま」と読む。「まだら節」の「まだら」である。

場所は、イカのおどり食いと朝市で有名な唐津からすぐの「呼子」から船で四〇分の島で、佐賀県にある七つの島の中で一番大きな島といわれている。

馬渡島が「まだら節」の発祥の地とするなら、どんな歴史があるのか、島では「まだら節」は今

呼子のイカ

も唄われているのか、一度「馬渡島」に行ってみたいと思うようになった。

たまたま平成二五年春から佐賀家庭裁判所で遺産分割の事件を受任して、佐賀に行く機会ができたので、早速公判期日前日に私の弟の楊枝嗣朗と彼の友達に案内してもらって、馬渡島を訪問することになった次第である。

馬渡島へ

平成二五年四月九日朝九時に呼子で、弟と友達の村川さんと待ち合わせて船で四五分の馬渡島へ渡ることになった。この日は天気は良いのだが、風が冷たくて四月というのにまだ寒い。呼子の港で船の時間を確かめると、午前一〇時五五分発で、一一時四〇分着の予定で、出発まで一時間位の余裕がある。

呼子の港は朝市が有名で、海の魚や貝類、イカなどの干物などの小さな路店が路の両側に並んでなかなかにぎやかだ。鯛と鯵、かますの干物を買ってお店の冷蔵庫に預かってもらう。呼子はイカの生造りがなんといっても一番うまい。

映画『悪人』のロケをした「いか本家」がいいというので、その店を見つけておいて、昼食を買って船に乗り込んだ。

馬渡島全景

馬渡島は呼子から名護屋経由で定期船ゆうしょう（郵正）で四五分、呼子から北西一〇キロの玄界灘に浮かぶ島で、平成二二年の資料では人口六〇〇人となっているが、前年NHKが放映した時の資料では人口四八九人となっており、これが正解と思う。

船が小さいためか、波をばっさりとかぶってよく揺れる。船客はほとんど魚釣り客であるが、一人身体の大きな坊さんが乗っていたので、お葬式でもあるのかと思ったが、このお坊さんとは後で会うことになる。

一一時四〇分、港に到着する。港に着いても船着き場には何もない。トイレがある位で売店もない。船のお客さんもすぐに散ってしまって誰もいなくなる。

呼子の朝市の人に「何しに馬渡島に行くのか」と聞かれて、「まだら節」を聞きに行くのだと言うと、「そんなの知らない。島はし～んとして何もない」。何だか無人島に行くような気分にさせられてしまったが、実際島に着くと、本当に港には何もなかった。し～んとした静けさだけがあった。

これは「まだら節」どころではないなあと話し合った。港のすぐ近くの海べりで二人の老婦人が漁網の片付けをしているのをみつけて、弟が「まだら節を聞きに来たのだが、どこへ行ったらよいか」と問い合わせてくれた。「まだら節」だったら保存会の人がいるから電話で連絡をしてあげると、すぐ携帯電話で連絡してくれたので、助かったと思った。

「すぐ一〇〇メートル先の馬渡神社の下に『老人憩いの家』があるので、そこで待っていてくれたら、保存会の人が来るので」と言ってくれたので、そこで三人で呼子で買った寿司やパンを食べて待つことにした。

この馬渡島は、ちょっと変わった人口構成の島である。

江戸時代はキリシタン禁制であったから、この島にキリシタン（カトリック教徒）がいるはずはなかった。すべて仏教徒であった。ところが寛政八年（一七九六年）、数名のカトリック教徒が島に渡ってきて隠れ住むようになり、その後天保一〇年（一八三九年）には、島の総戸数三二のうち、半数をカトリック教徒が占めるようになったと言われている。

港を中心として海岸近くには仏教徒が居住し、北部の丘陵地、山の上の方にはカトリック教徒が畑作をしつつ集落を作っている。

現在も島内では仏教徒とカトリック教徒が半分ずつで、仏教徒の村を宮ノ本（本村）、カトリックの村を新村と言って平和共存しているのは、やはり珍しい。

案内書を読みながら待っているところに、眼帯をした五〇歳過ぎの浦丸宏さんが来てくれた。宮ノ本区駐在員の名刺で、裏には佐賀県離島振興委員会監事、馬渡島島づくり委員長などの肩書きが記載されている。

馬渡島山の上の教会

「まだら節」の島での現状

私達は浦丸さんに、なぜこの島のまだら節に興味を持って島に来たのかを簡単に説明させてもらった。その後、浦丸さんから話を聞かせてもらった。その話は私にとって、少々びっくりする話であった。浦丸さんは以下のような話をしてくれた。

「まだら節」はこの馬渡島の漁師の唄で、北前船でここの漁師達が特に日本海側の各地に広めたということで、文献にも掲載され、能登の七尾や輪島では毎年まだら大会が開かれ、そのパンフにもこの島が「『まだら』の発祥地」と記載されている。飛騨の高山や飛騨古川では「まだら」と言わないで「めでた」と呼ばれているが、同じまだら節が現在も唄われていると聞いている。

ところが、発祥の地の馬渡島では、いつのまにか「まだら節」が唄われなくなってしまい、唄える人もほんのひとにぎりの人しかいなくなった。

これはいかんということで、保存会を結成して「まだら節」をこの島に残そうということになった。それで何人かで能登の七尾まで行って、七尾まだら保存会の人から「七尾まだら」を習ってきて唄っている。又、七尾からも先生にここまで来てもらって習ったこともある。楽譜も七尾からもらった。

メロディーや唄い方は、馬渡島の「まだら節」も能登の七尾の「まだら」も全く同じで、正確にいえば、現在馬渡島で唄っている「まだら節」は七尾で習ったのを唄っているといって間違いない、ということだった。「まだら節」の逆輸入と言っても過言ではない。島の人はそれでも月一回、保存会の人達が「老人憩いの家」に集まって練習をしている。

能登半島の七尾まで行って習ったり、そこから来てもらったりしてきたので、ずいぶんお金もかかったが、それよりも後継者に悩んでいると深刻そうであった。老人憩いの家からななめ上を見上げると、馬渡島の小中学校が見える。ここの生徒が現在小中合わせて三三人であり、高校は島にないので、高校になると島から出ていく。「まだら」のようなのんびりした民謡を唄い継いでくれる人がいなくなるのではないか、と心配だと嘆いていた。

島の人達と花祭り

浦丸さんの話を聞いているうちに「今日は四月九日で『花祭りの日』なので、観音堂で集まらんといかんので、それが終わったら又、お付き合いさせてもらう」といわれた。私達も一緒に花祭りに参加することになった。

老人の家から一五分ほど、小中学校の前を通って村の一角の小高い所に建つ観音堂に向かった。一二時すぎに観音堂に着くと、村の年寄りのおばあさんを中心に、四〇人位の人達が集まっていた。正面には観音さんが祭られ、シャカの子供の像の上にお花が飾られていた。出てきた坊さんを見ると、先程一緒に船に乗ってきた顔の大きな坊さんだった。島には坊さんがいないので、唐津あたりから来てもらっているのだと思う。お経の合唱が始まった。般若心経はみんな暗記していて、本も見ないでお経を唱えているのでびっくりした。

一時すぎに終わって、村の人達は宴会だが、浦丸さんと一緒に再び老人憩いの家に帰り、村の人が書いたパンフや楽譜などの資料をもらう。

その後、車で島内を案内してくれると親切に言ってくれたので、言葉に甘えて車に乗り込む。番所ノ辻が一番高い見晴台で二三八メートル。目の前に壱岐の島、加唐島、グミの木の赤い実が花のよう。猪が海を渡って住み着き、土を掘り起こし、道路を石ころだらけにし、きじの卵を食べてしまう。ヤギも増えて馬はいない。カトリック教会は立派な教会で移築された。お墓も立派で眼下の海も美しい。再び帰ってまだら節のテープを録音させてもらう。今日は花祭りの日でみんないなくて唄ってもらおうにも羽織袴、正装でやらんといかんらしく、簡単には唄も聞けない。

昨年NHKで馬渡島からまだら節を放映した、その時の保存会の人達と三人の先生の写真をもらう。七尾からもテレビを見たといって、激励の電話があったということだ。テープで「まだら節」を聞き、録音した。それで満足して四時の船で呼子に、坊さんも一緒に帰った。

呼子ではイカの生造りを食べて美味しかった。

北海道江差「江差追分」

「江差追分」という民謡の題名を聞いたことのある人は多いかも知れない。又、一度位は「江差追分」の曲を聞いたことのある人もいるだろう。しかし、この曲を唄ったことのある人はほとんどいないのではないかと思う。勿論プロの人や、この唄を習っている人は別で、関西にいる僕らの仲間や普通の人のことを前提として考えてのことである。

僕は「江差追分競演」というCDで一〇人のプロの「江差追分」を聞いたことがある。聞いただけでもこの曲を下手でも唄うようになるのは大変だという感想を持った。

しかし人気投票をすれば、最近では第一番は「江差追分」ということである。民謡中の民謡と評価されているのだろう。

江差で聴く江差追分

日本で第一番の民謡を生んだ「江差追分」のふるさと「江差」はどんなところか、一度訪れてみたいと考えていた。

二〇一三年八月六日やっとのことで江差を訪問し、江差追分会館で地元のプロの「江差追分」を聞くことができた。「江差追分」は尺八による伴奏で唄われているが、この日は三味線の伴奏で聞くことができたので、一層興味深かった。

奥尻島から江差へ

二〇年前の七月に大きな津波被害を受けた奥尻島に前泊して、早朝六時五〇分のフェリーで二時間掛けて江差港に到着した。奥尻島には八〇〇〇年から七〇〇〇年前の縄文遺跡が島の南端の青苗地区にあり、これについても書きたいことがあるが、これは別の機会にする。

江差追分会館

港のすぐそばに、立派な「江差追分会館」が建っており、この会館の中には舞台もあり、江差追分の普及や毎年九月の大会に利用されている。入場料は五〇〇円であるが、江差追分の歴史や江差追分の沢山の歌手の紹介、又毎年の大会での優勝者の歌声も聞けるような設備もあり、展示室も充実している。この会館では毎日、一一時、一時、三時と三回「江差追分」その他北海道民謡を実演で聞かせている。フェリーが港に着いたのが九時すぎで、一一時までは少々時間があるので、館内を見学したのち、江差の町を歩いてくることにした。

江差追分の歴史

「追分」と名のつく民謡は沢山存在している。その中でも有名なのは「信濃追分」であろう。追分とは、街道が左右に分かれる場所をさす言葉である。

江戸時代、中山道と北国街道の分岐点である信州浅間山南麓の追分宿（現軽井沢町）で飯盛女たちが三味線付で唄った馬子唄（馬方節）が信濃追分と呼ばれるようになったといわれている。

この信濃追分が越後に伝わり、越後追分となり、さらに北前船の船員達に唄われて北海道の松前に伝わり、その後江差がニシン漁の中心地に発展するなかで、江差追分として唄われるようになったと言われている。時代としては一七六四年〜一八〇〇年（明和から寛政）の頃である。

江差追分の始祖　佐之市の碑

江差追分は前唄、本唄、後唄と三つのパートに分かれて唄われている。大会などは本唄によって競われている。本唄の代表的な歌詞を二つ挙げておく。

―本唄―
かもめのなく音にふと目をさまし
あれが蝦夷地の山かいな
忍路《おしょろ》高島およびもないが
せめて歌棄《うたすつ》　磯谷まで

江差追分会館では江差追分基本譜が配布され、この基本譜にもとづき唄の指導もなされている。北海道の積丹半島の付け根の余市や美国では、ニシン漁の労働歌である「ソーラン節」はポピュラーな民謡で、明るい唄であるが、江差追分はニシン漁の盛んであった江差の民謡として二〇〇年以上の歴史はあるが、哀調をおびたもの悲しい唄の調子は、ソーラン節とは違うところであり、それがまた人気の秘密なのかも知れない。

江差追分節の始祖といわれている佐之市の碑を東別院で見学して、鰊《にしん》御殿として有名な横山家でにしんそばを食べて、江差の町と別れた。

熊本県天草市牛深「牛深ハイヤ節」

北海道から九州までの各地で唄われている有名な民謡のルーツはと調べてみると、熊本県天草市牛深で唄われている「牛深ハイヤ節」だと紹介されている。これは大変興味深いことだと思った。

誰でも知っている北海道余市のソーラン節、佐渡おけさ、越中おわら節、阿波踊り、これらの源流はすべてが天草の牛深ハイヤ節だというわけである。全国四〇カ所以上に伝わったといわれている。

まず民謡の本を捜して読んだ。一番詳しくて実証的な本は竹内勉『民謡地図①　はいや・おけさと千石船』（本阿弥書店）であろう。五〇〇頁近い本であるが、なかなか面白い。

この本の題名からも推測できるが、江戸時代「千石船」が牛深港を出て、鹿児島、長崎、瀬戸内海に入って大阪に寄り、引き返して日本海を北上して北海道の松前まで行く間、停泊する各港に千石船の船頭さん達によって広められたということである。

もともと天草の牛深港は天然の良港で、江戸時代のはやい頃から薩摩、琉球、長崎への海運の中継基地であった。この船の往来から導きだされたのが牛深ハイヤ節で、熊本を中心に唄われていた「二上り甚句」や奄美から伝わった「六調」のリズムで味付けして独特の「牛深ハイヤ」が誕生したといわれている。

「ハイヤ」という言葉の意味は、南風《ハエ》からきているようで、南風が吹くと雨がよく降って海が荒れ、出航できなくなるため、出航に適した風待ちの間の酒盛りの席で唄われた、風待ちの唄なのである。風待ちとはいっても二、三日ではなく一週間も一〇日間も風待ちが続くことが多く、北前船の停泊地の酒場でもよく唄われ、伝えられたものである。

実際に牛深港へ行って「牛深ハイヤ」を聞きその踊りを見てみたいと思い、毎年四月の第三金曜日から開催される牛深ハイヤまつりに二〇一三年四月一九、二〇日の二日間、牛深を訪れた。

ハイヤ節の郷・牛深

ハイヤ踊り

牛深ハイヤ祭り

四月一九、二〇、二一日の三日間に開催される牛深ハイヤ祭りに参加することになった。案内役として、佐賀に住んでいる西さんと僕の弟に同行してもらうことになった。

四月一九日（金）九州新幹線の新鳥栖駅で西さん運転の車に同乗させてもらい、三角から天草諸島を経て天草下島までの五つの橋を渡って牛深港の一つ手前の深海港のそばにある、つるや旅館に夕方早く到着した。

夕食後、牛深の総会センターでの前夜祭を見るために会場に出かけた。熊本や鹿児島などからも参加して次々に牛深ハイヤ踊りが繰り広げられ、はなやかな舞台であった。地元の保存会の人達の唄と踊りはやはり見るべきものがあった。会場は満員で観光客も多かった。午後九時までだったが、少し早く会場を出て、深海からの途中にあった牛深の温泉に立ち寄ってゆっくり湯につかって旅館に帰った。

「牛深ハイヤ節」の歌詞を紹介しておこう。

・ハイヤエー　ハイヤハイヤで
今朝出した船はエー
〈アッヨイサァ　ヨイサァ〉
どこの港に　サーマいれたやらエー
〈アッヨイサァ　ヨイサァ〉
・北風《きた》かと思えば　また　南風《はえ》の風
風さえ恋路の　邪魔をする
・忘れていたのに　また顔見せて
思い出させて　泣かす気か

これらの歌詞に続いて「長ばやし」が唄われる。

牛深三度行きゃ　三度裸　鍋釜売っても
酒盛りゃしてこい　戻りにゃ本渡瀬戸　徒歩《かち》渡り

が代表的なものである。

はじめにも書いたように九州の天草下島の最南端の港町牛深生まれの「ハイヤ節」は東シナ海、日本海、太平洋、瀬戸内海と沿岸部に集中して広がっていった。これは船乗りが牛深で覚えた「ハイヤ節」を各港の花柳界を中心に唄われ始めたということである。（竹内勉前掲書）

何故船乗り達が唄を唄うのかといえば、「舵取り役の仕事をしている間は眠っていないことを船内に知らせるために唄を唄っていることが義務づけられていたそうで、そのため港々で珍しい唄があればすぐ覚えて唄う。これがハイヤ節を広める大きな力となっている」。（前掲書）

四月二〇日（土）は朝九時から牛深の港を会場としてハイヤ祭りが開催されるということで、車で九時すぎには会場に着いた。

唄と踊りを見る前に牛深港の近辺をぐるっと見てまわった。牛深ハイヤ踊りの記念碑や牛深ハイヤ節の碑もあり、この港のこの季節はハイヤ祭り一色で人出も多く、会場では地元産の魚貝類や物産が安く売られている。

大きな舞台では、地元の小学生から大人まで登場して次々に唄と踊りを披露している。気楽な気持ちでハイヤ祭りに参加できるのがよい。

見たり、買ったり、食べたりである。

「牛深ハイヤ」の特徴は「頭のてっぺんから絞り出すように唄う。これは海の酒盛り唄の特徴だ」とされている。「越中おわら節」などとの共通点と考えられている。海上では一〇隻を超える漁船が「牛深ハイヤ」の大きな旗を風になびかせて、港内を走行して祭りを盛り上げている。

一二時からは本通りを各団体が様々の衣装で行進している。牛深の町が祭り一色である。民謡の力を見た感じがした。

帰りはフェリーで鹿児島に出て、出水から新幹線で新大阪に帰った。

茨城県大洗「磯節」

二〇一四年五月六日に日本橋の国立文楽劇場で、藤本秀雛さんが主催する「秀雛会」の結成十周年記念大会が開催される。私も三年前から秀雛さんに民謡と三味線を習ってきたこともあって、この日に「磯節」を唄うことになり、一年間練習してきた。年寄りの新人で、どこまで唄うことができるのか自分でも自信がないが、健康のためと思って唄っているので、気楽にやらせてもらうつもりである。

もう四、五年前になろうか、大阪工作所の事件で水戸地裁に行っていたこともあり、そのついでに大洗や那珂湊でも何回か泊まって、水戸の裁判所に通った。こんな因縁からか、今回「磯節」を唄うことになったので、大洗から那珂湊に改めて訪れることにした。

磯節発祥の地・大洗

二〇一四年三月の二一日（金）、二二日（土）が連休だったので、東京から水戸に出て、鹿島臨海鉄道大洗鹿島線に乗って大洗まで行き、大洗磯前《いそさき》神社のすぐ下の旅館、小林楼に一泊して磯節発祥の地を歩いてきた。

磯節の歌碑

まず、この旅館から海岸沿いに三〇〇メートル程歩くと、大洗観光協会があり、このすぐ裏を登った林の中に磯節発祥の地の碑が建てられている。この碑には西條八十の筆で磯節の一番の前般部分の「磯で名所は大洗さまよ　松が見えますほのぼのと」と歌詞が書かれている。この歌詞の下に磯節の起源として昭和三九年大洗町長　加藤清による解説が書かれている。

この内容は次のとおりである。

「磯節は古くから当地方の舟唄として唄われ、明治の初期祝町の郡人渡辺竹楽房が音律を整え、その後本町生まれの名人関根安中が全国に広めた郷土芸術である。茲に本場磯節の保存を希い磯節まつりを記念して、その起源を刻し永く後世に伝えるものである」

この碑文のそばにあるボタンをおすと関根安

中が唄った磯節の曲が流れてくる。私が訪れた時も、地元の老人の人がこの碑の前に座って曲を聞いているのに出くわした。ただ、関根安中の磯節のメロディは私が習っている曲とは違っており、明治時代と現在とは曲にも大きな変化があったようだ。

この解説の中でも出てくる関根安中という人は盲目の歌手で、明治時代の横綱、水戸出身の常陸山に気に入られ、常陸山の巡業に同行して旅先で磯節を唄って全国に磯節を広めたと、いろいろなところに書かれている。

大洗海岸「はなちる磯大洗」

旅館の裏は大洗海岸で、すぐ左側に海岸の岩の上に建てられた鳥居（神磯の鳥居）が見える。波は荒く、この岩に波が当たって白く泡だっているのがいい眺めだ。宿のご主人に聞くと、大震災の時には波が裏庭まで浸入してきたということだった。

次の日も晴れ。大洗から那珂川に向かうと、海門橋が那珂川に架かっている。「かんぽの宿大洗」が左側、小高い丘に見える。このかんぽの宿の裏側の願入寺を訪れた。

このお寺は親鸞聖人の孫の如信上人が開基した寺として有名であり、水戸光圀の直筆の書状や、親鸞聖人のゆかりの品などが開基堂の資料館に展示されている。

この寺にはもう一つ、磯節の碑の解説の中にも出てきた、渡辺竹楽房の銅像が建てられていると聞いて訪れたのである。

漁師の舟唄

磯節は那珂川の上に架けられた橋の手前の大洗の祝町と川向こうの那珂湊の漁師達に唄い継がれてきた舟唄であったといわれている。

この舟唄を磯節として座敷唄として完成させたのが、遊郭の引手茶屋の主人であった渡辺竹楽房であった。この人が三味線の伴奏とはやしことばを加えて水戸の芸者に振り付けをさせたと伝えられている。

この座敷唄を広めたのが、関根安中だということになる。

大洗も水戸も、この季節は梅の花が満開で、ゆったりした気分で宿の温泉で磯節を口ずさんだ。

大洗海岸

秋田県仙北地方「ひでこ節」

二〇一四年八月八日、角館に泊まって翌日、田沢湖から秋田駒ヶ岳（一六三七メートル）に登ることになった。メンバーは早川弁護士、谷弁護士、谷真介弁護士、津留崎弁護士と、九州の労山の人達四名らと私の一〇人であった。

八月九日は台風の影響で朝から小雨であったが、ホテルを七時過ぎに出発して田沢湖駅に出て、バスで八合目まで行き、そこから頂上を目指した。秋田駒や田沢湖（日本で一番深い湖）など、この辺は昔から秋田県の仙北地方といわれている。

ひでこ節はこの仙北地方の民謡で、江戸時代からこの地方で唄われてきた。

ひでこ節というと、高峰秀子ではないが女性の名

乳頭温泉にて

前のつく民謡かと思ってしまうが、人の名前ではなく、ユリ科の多年草の山菜の名前である。

なぜ山菜の「ひでこ」が民謡として唄われてきたのか

田沢湖周辺の山村では、農地も少なく気候条件も悪かったため米の収穫が少なく、年貢米を納めることができなかった。このような事情のもとで、慶長九年（一六〇四年）に税制が改正され、年貢米の代わりにこの山菜を納入しても良いことになったらしい。

この山菜取りの唄がひでこ節として唄いつがれてきたといわれている。

それでは年貢米に代わって納められた「ひでこ」はどんな山菜なのか、我々が知っている名前はユリ科の「シオデ」である。「シオデ」に「コ」がついて「シオデコ」になり「ヒデコ」となったということである。

写真を見るとアスパラに似ている。ひでこ節の歌詞を一番だけ紹介しよう。短い唄である。

十七、八ナァ　今朝のナァ
若草　どこで　刈ったナァ　このひでこナァ
アラ　ヒデコナァ

藤沢周平の「ひでこ節」

二〇〇九年に出版された藤沢周平の未刊行初期短篇『無用の隠密』（文春文庫）の中に「ひでこ節」と題する短篇がある。これはあまり知られていない。この小説の舞台は秋田の仙北地方ではなく、山形県西部、現在は鶴岡市の南西部にある温《あつ》海《み》温泉である。人形師長次郎が出入りしている温泉宿「越前屋」に宿泊した旅芸人一行が、宿賃が払えずにそのかたに置いていった座頭の娘お才と長次郎の恋愛物である。

このお才が美しい声でひでこ節を唄うのがストーリーの背景として生きているのがしんみりしていてなかなかよい。私も民謡を習いだして二カ月目に、このひでこ節を習ったので、大変印象深く心に残っている曲であり、藤沢周平の小説の題名にも使われていることを知り、少し嬉しかった。

秋田駒ヶ岳

千葉県木更津「木更津甚句」

二〇一五年五月連休も終わって直ぐに、千葉県の内房の木更津に行ってきた。東京駅から総武線千葉から内房線と乗り換えて一時間ちょっとの、東京湾の港町だったところである。この木更津は江戸時代から江戸と木更津を結んで、木更津船が運航されており、木更津船の船頭が唄っていた舟唄が木更津甚句の元唄だといわれている。

ちょっと寄り道「証城寺の狸ばやし」

木更津といえば、木更津甚句よりなにより、童謡の「証城寺の狸ばやし」が有名であり、戦後まもなくNHKのラジオ番組「英語会話」のテーマソングとして毎日のように放送されたので、童謡を越えて

證誠寺

日本全国の人が知る曲になった。作詞は野口雨情で、大正一三年木更津に来た時、證誠寺の狸伝説をもとに作詞し、これに中山晋平が曲をつけて、大正一四年に発表されたものである。證誠寺は木更津駅から歩いて一〇分位のところにあり、狸塚やこの曲の記念碑もある。

木更津甚句の歌詞と由来

歌詞は

ハァー木更津照るとも東京は曇れ
かわい男が（男でなしに「おかた」もあり）
ヤッサイモッサイ
ヤレコリャドッコイ
コリャコーリャ日に焼ける

この曲ではヤッサイモッサイ〜以下の掛け声が独

『証城寺　狸ばやし』歌碑

木更津甚句歌碑

特のもので面白い。百科事典「ウィキペディア」によれば、幕末に舟唄を元に木更津出身の噺家の木更津亭柳勢が江戸の高座で唄って、江戸界隈で流行したと伝えられている。その後大正時代になって、木更津の芸妓の小野きくが新橋のお座敷に出て、この「木更津甚句」を披露して、東京の花柳界から全国に広まったということである。この曲は、私が民謡を習いだしてはじめての唄で、いつまでも懐かしい。

木更津甚句記念碑

木更津では、この曲を記念する碑を鳥居崎海浜公園に設置している。ここは木更津港に面する公園で、港の雰囲気が残っているところである。この記念碑は立派なもので、二人の女性がこの曲で踊っている姿を中心にしている。台の下には、曲の由来、木更津船の紹介、歌詞や踊りの振り付けまで刻み込んでいる。こんな碑はめずらしい。私が現在習っている曲は、「鴨川ヤンザ」で、木更津の反対側、外房の港町の漁師の曲で、なかなかメロディが良いので、機会があれば鴨川にも行ってみたいと思っている。

新潟県十日町市「新保広大寺節」

二〇一五年八月中旬、夏の旅行に弁護士の友人たちと誘い合わせて、秋山郷に行くことになった。秋山郷は、新潟県の津南町と長野県の栄村を流れる中津川沿いにあり、江戸時代、塩沢の人、鈴木牧之が紹介した秘境である。

新潟空港でレンタカーに乗り、早川弁護士の運転で、まず十日町市を目指した。一日目は松之山温泉に泊まることにして、十日町市にある、新保広大寺を訪れることにした。

なぜ、新保広大寺かといえば、このお寺が発祥の地とされる口説節《くどき》（新保広大寺節）で有名な場所であり、一度は行ってみたいと思っていたからである。

新保広大寺　石碑

場所は新潟県の南部、信濃川右岸に広がる村で、明治九年までは新保村であったが、明治三三年に下条村《げじょう》となり、現在は新潟県十日町市下組新保となっている。

お昼前にこのお寺に到着したが、お寺の入口には、「民謡のふるさと、新保広大寺節発祥の地」という大きな石碑が建っている。

新保広大寺節がなぜ有名なのか

この「新保広大寺」について一番研究した人は、竹内勉さんで、『民謡地図②　じょんがらと越後瞽女《ごぜ》』（本阿弥書店）の中に詳しい研究の結果が書かれている。これを参考にして、「新保広大寺」について少し書いてみることにする。

新保広大寺の伝説には、いろいろあるらしいが、その一つを紹介すると、「元禄（一六八八～一七〇四）の頃に、新保村の禅寺広大寺の和尚が、豆腐屋の娘と浮名を立てられ、唄になったのがきっかけで、流行り唄となって、天明四年（一七八四）の飢餓の時には、江戸近在の老幼姉女が、この唄を唄い踊りつつ、市中を乞食して歩いたところ、大流行を極めるに至った。天明七年（一七八七）には、滑稽本《こっけい》の『新保広大寺不実録』や、黄表紙の『新保広大寺噺』などが次々に発行された」というものである。

この説を裏付けるものとして、瞽女が唄ってまわったとされる歌詞に、次のようなものがあ

新保広大寺

る。

・新保広大寺がお市のチャンコなめた、なめたその口でお経読む。

・新保広大寺に産屋が出来た。お市案じな小僧にする。

・新保広大寺に虎の皮着せて、お市乗せては藪の中、千里走れとはそりゃ無理だ。

などの歌詞がある。

しかも、竹内勉さんが調査したところによれば、「どうも当時、広大寺と寺の反対派の上之島の連中との間で、信濃川の中州の土地争いが発生し、反対派が広大寺側を誹謗中傷するため、悪口唄を作った。そして自分たちだけが唄うのではなく、越後瞽女に門付けをして、唄ってまわらせ、唄を流行らせた」というのが、真相に近いらしい。

そして、新保広大寺節が誕生したのは、天明（一七八五）の末から寛政（一七九〇）のはじめの五年間ぐらいの間で、出版物にまで載るほど流行したのは、文化文政（一八〇四〜三〇）頃ではないかと推測している。

この唄は、江戸時代の五大流行歌の一つだといわれており、なぜ、新潟の田舎のお寺の唄が全国的に流行したのか、不思議な気がする。

実際に、青森県では「じょんから節」、群馬県では「八木節」、秋田県では「飴売り唄」、富山県「五箇山古代神」、北海道「道南口説」など広大寺系統が広がっている。西では中国地方まで影響が及び、「因幡口説」、「ヤンレ節」、隠岐島「隠岐どっさり節」などが知られている。

新保広大寺のまわりは一面の田んぼで、稲がほんのり黄色を帯びている。寺の内はし〜んとして静かであり、色っぽい坊さんの雰囲気は全くない。

新保広大寺節は、昭和五九年一月に無形民俗芸能として市の文化財に指定され、保存会によって、唄と踊りが伝承されている。

平成一二年一一月には、新保広大寺節保存会設立四〇周年記念、全国新保広大寺大会が開催され、全国から多くの団体が参加して盛大だったらしい。

私達も唄と踊りを見たいと思ったが、時期的にそれも無理なことがわかり、今夜の宿泊地、松之山温泉に向かった。

大阪八尾常光寺と「河内音頭」

小学校四、五年の頃、夏の盆踊りで河内音頭や江州音頭を踊ったことを憶えている。大阪での民謡といえばやはり河内音頭であろう。

毎年八月二三日、近鉄八尾駅から歩いて一〇分くらいのところにある常光寺で河内音頭の盆踊りが開催されている。

このお寺の境内に「河内音頭発祥の地」の記念碑が建っている。

平成一二年八月二三日、雨の中、この常光寺での河内音頭を聞きに行った。大雨が降っていたが開会時間の午後七時には雨もあがり、無事に

常光寺の門

始まった。

まず午後七時から九時までは「流し節・正調河内音頭」の唄と踊りで、午後九時からは現代の鉄砲光三郎「河内音頭」による唄と踊りの二部構成である。

お寺への道には露店もたくさん並んで見物客も踊り手も多い。

河内音頭いまむかし

八尾の常光寺の河内音頭に行くことにして、その前に少し勉強することにした。八尾市役所発行の村井市郎さんが一九九四年に書いた『河内の音頭いまむかし』という本がある。この人は天王寺高校で昭和二五年から六〇年まで数学の先生をしていたことをはじめて知った。私は昭和三一年三月に天王寺高校を卒業したのだが、数学の先生が河内音頭の研究家になっていたとは全く知らなかった。

インターネットで見ると、二〇〇一年八月九日に村井さんが「大阪の民衆文化　河内音頭の正体を探る」と題して行われた講座が紹介されていたので、これをもとに勉強したことを紹介したいと思う。

私も二〇一二年夏に藤本秀雛さんの教室で河内音頭を習って唄ったので、小学生の頃を思い出しつつ唄った。

鉄砲光三郎の河内音頭の歌詞の中に「七〇〇年の昔から唄い続けた河内音頭に乗せまして〜」という箇所があり、楠正成公の時代から河内音頭があったのだと思っている人もいるかもしれない。

しかし、現在の河内音頭はもともとは江戸時代、大阪の交野市で唄われていた交野節が元唄で、明治になって茨田郡の歌亀という人が、この交野節を改良して盆踊りに起用したのが一つの流れといわれている。

もう一つの流れは、大正一〇年頃、平野の初音家太三郎らが生駒トンネル工事の犠牲者を供養するため、盆踊り大会で先の歌亀の河内音頭を取り入れた独自の工夫をした「平野節」を流行させた。昭和三〇年代からは「鉄砲節」が流行し、テンポも早くなって、現在の「河内音頭」になったといわれている。

河内音頭発祥地の碑

八尾河内音頭まつり

　河内音頭は一般の民謡とは少し異なり、いわば「民謡と浪曲の中間芸能」と評されている。

　一方、八尾の常光寺にある碑には「河内音頭」発祥の地とされている。「河内音頭」とされているが、元々は「八尾の流し節」として数百年前の常光寺再建時の木遣り音頭を地蔵講が伝承してきたものということらしい。

　昭和の初期にこれをレコードに吹き込んだ時、「八尾の流し」としないで「河内音頭」と名付けたものだから「流し節正調河内音頭」と呼ばれるようになって、その保存会もできているのである。

　現在、毎夏には大阪とその周辺一〇〇〇カ所以上で河内音頭の盆踊り大会が開催されているようだが、「流し節正調河内音頭」は常光寺など八尾市内だけで、一般には鉄砲節の河内音頭で踊られていると思われる。

河内音頭まつり

二〇一三年九月八日（日）八尾の久宝寺緑地公園で八尾市の河内音頭まつりが開催されたので寄ってきた。朝から夜までで午前中から午後三時にかけては河内音頭グランプリがあり勝負を決める。午後四時からは盆踊り大会で八尾の地域の音頭で踊りが紹介される。はじめに恩智音頭、次に流し節正調河内音頭、三番目に太田ジャイナ音頭、最後はこどもの河内音頭の順番である。昨年、常光寺で流し節は聞いたが、恩智音頭と太田ジャイナ音頭ははじめてで、大変興味深かった。

縄文遺跡を巡る旅　東北・北海道を中心に

縄文遺跡を巡る旅については、『弁護士の散歩道V』で九州から北陸・関東地方を主に記述した。今回は、一部四国の遺跡にふれたが、東北・北海道を中心にして紹介することにした。

青森　亀ヶ岡縄文遺跡

鯵ヶ沢から七里長浜の海岸に沿って十三湖方面に向かう。道路に向かってホッケ・イカ・ハゲがところ狭しと天日干しにされている。良い眺めだ。車を止めて、イカ焼きを買って食べる。

道は一直線であるが、左右に大きな沼が次々に出てくる。海岸寄りにベンセ湿原の標示、東京ドームの五つ分の大規模湿原で六月中旬にはニッコウキスゲが咲き乱れるということだが、今は雪の中である。海岸から内陸の方に少し入ると、亀ヶ岡縄文資料館の標識がでてくる。これに従って進むと資料館がすぐに見つかる。

遮光器土偶

実際の遺跡はこの建物から一・五キロ離れた場所にあるが、この資料館には、江戸時代からの出土品が展示されている。

この亀ヶ岡遺跡から明治二〇年（一八八七）に出土した遮光器土偶が一番有名で、昭和三二年重要文

亀ヶ岡縄文資料館

遮光器土偶の駅（五能線木造駅）

化財に指定され、現在実物は東京国立博物館に保管されている。遮光器とは目が古代北方民族の使用していた雪眼鏡に似ているのでこの名がつけられた。

今から三〇〇〇〜二三〇〇年前の縄文晩期の作品ではあるが、芸術作品としても評価が高い。又、赤い顔料で色づけられた漆塗土器も沢山出土しており、複雑な過程の必要な漆の精製技術を縄文人が会得していたことを証明していると思われる。

資料館にはお茶の用意もされており、ゆっくりお茶を飲んで亀ヶ岡遺跡に向かった。

豊かな津軽

縄文時代前期の六五〇〇〜五五〇〇年前は「縄文海進」といって、今と比べて二〜三度気温が高く、海水面も三〜四メートル高かったといわれている。

縄文晩期の亀ヶ岡遺跡附近は十三湖の湖岸だったと

考えられている。このため漁業が盛んで魚網や編み物を作るときに用いた土錘《どすい》なども沢山出土しており、食糧も陸・海・河などでいろいろなものが手に入ったと思われ、豊かな暮らしをしていたと考えられる。多くの芸術作品はこんな豊かさの中から生まれたと思われる。

津軽の凶作

しかし、太宰治は小説『津軽』の中で、四、五頁を使って津軽の凶作のことを書いている。元和元年から昭和一五年までの凶作年の年表を三三〇年間にわたって記載している。そして、次のように述べている。「津軽の人でなくても、この年表に接しては溜息をつかざるを得ないだろう。大坂夏の陣、豊臣氏滅亡元和元年より現在まで約三三〇年の間に約六〇回の凶作があったのである。まず、五年に一度ずつ凶作に見舞われて

津軽鉄道ストーブ列車

斜陽館

いるという勘定になるのである」と。また「哀愁を通り越して何か、わけのわからぬ憤怒さえ感ぜられ……」「生まれ落ちるとすぐに凶作にたたかれ、雨露をすすって育った私達の祖先の血が、今の私達に伝わっていないわけはない。……私はやはり祖先のかなしい血に、出来るだけ見事に花を咲かせようと努力するより他に仕方がないようだ」と、結論付けてしまっている。

芸術性の高い縄文津軽

太宰は『津軽』の中で、木造の亀ヶ岡遺跡や明治二〇年にそこから出た遮光器土偶や漆塗の土器などには全くふれていない。太宰が三内丸山遺跡や亀ヶ岡遺跡のことをもっと知っていたら、津軽の豊かさを実感し、高い芸術性を持った縄文時代の津軽人を思って、もっと元気がでたのではないかと思う。

亀ヶ岡遺跡の見学を終えて、金木町に出て津軽三味線会館で津軽三味線を聴いた。六〇歳のころ一年半津軽三味線を習っていたことがあるので、懐かしかった。その後「斜陽館」をゆっくりと見学して芦野公園駅の駅舎でコーヒーを飲んだ。

北海道渡島半島今金町　ピリカ遺跡

二〇年前の七月大津波の被害を受けた奥尻島に縄文遺跡を見に行くことにして、二〇一三年八月四日（日）札幌空港に着き、その日は羊蹄山近くのニセコのチセヌプリの麓に温泉の湧きだす沼、大湯沼があるが、そのそばに建っている町営の国民宿舎「雪秩父」に泊まった。男女合わせて一一の露天風呂が有名で、代金も一泊二食六五〇〇円と安かった。

次の日ここから国道五号線を走り、蘭越から黒松内に出て、途中高速に乗って長万部の次の国縫で降りた。次は瀬棚線沿いに国道二七七号線を奥尻島に行くフェリー乗場の瀬棚に向かった。国縫から少し走ると今金町に入る。この辺は北海道南部の渡島半島の北部に位置する。この今金町の後志利別川とピ

ピリカ遺跡

リカベツ川が合流する近くの標高一五〇メートル丘陵でピリカ遺跡が発掘されたのである。
道路にもピリカ遺跡の大きな標識があるので、すぐにわかった。

この遺跡は昭和五三年（一九七八年）に発見され、一九八三年から八四年にかけ北海道埋蔵文化財センターによって調査され、一九八七年からは今金教育委員会も調査に入り、二〇万点もの石器が次々に発掘された。

遺跡は約二〇万平方メートルの広大なもので、これらの石器は今から二万年から一万年前の旧石器時代のものだということがわかったのである。

この遺跡は現在きちんと保存され、大きなピリカ遺跡の石碑のすぐそばに、ピリカ旧石器文化館が建てられている。月曜日は休館日であるが、夏休みで子供のために開館しているということで、運よく入館することができた。

館内の展示はよく整理されていてわかりやすいものであった。遺跡からは長さが三三センチと日本では最大級の尖頭器や、装身具などが発見されており、平成三年（一九九一年）には一六三点の石器が国の重要文化財に指定されたのである。石器の重要文化財は珍しいと思った。

実際に、発掘されて石器が出土した状態で石器制作跡が保存されているのもよかった。

平成六年（一九九四年）には、全体の約半分の遺跡が国の史跡に指定された。

二万年前は大変寒い時代であり、一万二千年前頃からだんだん温暖化が進み、縄文時代に移行するのであるが、この遺跡は二万年から一万年前という長期かつ広大なもので、旧石器時代が中心であるが、縄文時代もこの中に含まれていると思われるので、興味深く又重要な遺跡であると思った。

最近三方五湖の湖の地層の中から七万年分堆積土が採集され、分析されているニュースが報道されていた。七万年間一年ずつきちんと気候の変化が読み取れるということで、日本の古い時代がもっとはっきり明らかにされる日も近いといえよう。

現地の見学も終えて、奥尻島に向かうフェリー乗場の瀬棚港に向け、出発した。

秋田県鹿角十和田大湯　大湯環状列石

二〇一三年度、自由法曹団総会が八幡平の安比高原の安比グランドホテルで開催された。この機会に青森の青荷温泉、秋田の玉川温泉などを旅行して、総会に参加する計画を立てた。

一〇月一八日には黒石温泉の奥の青荷温泉に一泊した。この宿はランプの宿として有名で、風呂も食事も部屋もランプの明かりだけで、テレビもない。食事もよく見えない。風呂に入って後は寝るだけだった。

温泉は数種類あり、滝を見ながらの滝見の湯はなかなかよかった。

次の日は十和田湖に出て発荷峠展望台から十和田湖の全景を見て、一〇三号線十和田道を大湯温泉方向へ向かい、温泉街からもう少し下った六六号線沿いにあ

大湯環状列石

る大湯環状列石を訪れた。

大湯環状列石とは

環状列石はストーンサークルと同義語である。ストーンサークルとして世界的に有名な遺跡はイギリス中南部にあるソールズベリーのストーンヘンジで、紀元前一九〇〇年から一五〇〇年頃にかけて造られたもので、巨大な巨石建造物である。まわりに多くの火葬墳があり、何らかの祭儀の中心として利用されていたものと考えられる。

大湯環状列石は縄文時代後期（約四〇〇〇年前）の遺跡であり、一三〇メートルの距離をおいて東西に野中堂と万座の環状列石で構成されており、両方合わせて大湯環状列石と呼ばれている。発見されたのは一九三一年（昭和六年）のことで、一九五六年に国指定特別史跡に指定された。

青荷温泉ランプの宿 滝見の湯　滝を見ながら

万座遺跡

大湯環状列石の見学

この遺跡は道路わきの広い平原にあり、そのまま歩いて見学することができる。大きい方の万座遺跡は直径四六メートルあり、日本で最大のストーンサークルである。組石の大きさはソールズベリーのストーンヘンジのものと比べると小さいが、組石は万座で四八基、野中堂で四四基あり、万座の中央の立石はここから七、八キロの安久谷川から運んできたものといわれており、共同労働の成果といえよう。

組石の下には墓壙があり、共同墓地と考えられている。

しかし一方、ここの列石には日時計の組石があり、この日時計中心から環状列石中心部を見た方向が夏至の日に太陽が沈む方向になっており、天体観測も行われていたといわれている。

この遺跡は全体がきちんと保存されており、建物も立派なものがあって、勉強することもできるのでよかった。

環状列石を見ての感想であるが、この場所がお墓だったとするなら、大小の石を並べて円形に囲うやり方は、死者への記憶の永久性が秘められているのだと思う。現在でも墓は墓石がたてられているのだから、何千年前と同じ思いが続いているのだと思った。

ただ、この同じ場所が春秋分や冬至の太陽の光の位置を明確にしていることや時計の役割を持たせていることなどは、どんな関係にあるのかと考えている。お墓と天文はどんな関係があるのか、興味深いことである。

北海道の環状列石遺跡

忍路《おしょろ》環状列石

二〇一三年一〇月一九日（土）に秋田県鹿角郡大湯の大湯環状列石を訪問した。この経験もあって、日本のストーンサークルに新しい関心事を持つようになった。そして、これに関連する文献やその他を読んでみることにした。その結果、環状列石は北海道の道南、小樽や積丹半島方面にその遺跡が多いことがわかった。その中でも、忍路環状列石は日本の考古学史上はじめて学会に報告されたストーンサークルで、小樽から余市にかけて八〇基以上のストーンサークルの中で、最大のものといわれている（ウィキペディアフリー百科事典）。

忍路は「おしょろ」と読むのだが、私は忍路とい

忍路ストーンサークル

う地名を見てすぐに思い出すことがあった。それは民謡の江差追分の歌詞の中にある地名で、江差追分を聞くといつもこの忍路が出てくる。

「忍路、高島　及びもないが　せめて歌棄《うたすつ》　磯谷まで」

この歌詞の意味は、江差から少し来たまではいいが、江戸時代は積丹半島の北側は女人禁制であった。小樽の近くの忍路、高島までは行けなくとも、せめて余市の歌棄や磯谷の港までは連れて行ってほしいと彼女が船乗りに懇願している、または嘆いている唄と思われる。

江戸末期から明治時代にかけては、江差近辺にはニシンが来なくなり、ニシン漁の中心はソーラン節の発祥の地、余市の美国高島、そして小樽の忍路の海岸に移行してしまった。

縄文時代に忍路環状列石を作った人々の子孫が三〇〇〇年も経て、今度はニシン漁の富で大規模なニシン御殿を小樽に建てたと思えば、何だか夢がふくらんでくる。

この遺跡の場所は小樽市から余市町にかけての三笠山の小高い山麓の標高二〇メートルの河岸段丘上に存在する。

広さは南北約三三メートル、東西二二メートルの楕円形で外側に高さ一〇～二〇センチの石が環状に置かれ、その内側には高さ一～二メートルの石が配置されている。

約三五〇〇年前の縄文時代後期のものといわれている。この北側には忍路縄文遺跡があり、ここから巨大木柱が発掘されており、環状列石との関係が問題になっている。集団墓地だったというのが、有力説である。

ここを訪れたのは二〇一三年一一月一〇日（日）午前一一時頃で、朝から雨がしとしと降る、肌寒い日だった。カメラのレンズが雨に濡れないようにかばいながら写真を十数枚写して、次のストーンサークルに移動した。

西崎山環状列石

ストーンサークルは一種の天文台のように太陽を用いたカレンダーの機能を果たし、そこで祭祀儀礼が行われていた。

古代では太陽が時計の代わりをなし、中央の石から見て列石のどの位置に太陽が昇り降りするのかを見て神事の日を決め、「時」と「暦」を刻ん

西崎山環状列石

でいく。

古代歴法では、冬至の日、太陽の出入りが最も南による陰の極限の日を一年のはじめとする考え方が存在していた。

ストーンサークルを築く場所を厳選して、環状列石を整備し、その場所を基点として周辺に集落を築いていたのではないか（中島尚彦『日本とユダヤのハーモニー』ＷＥＢサイト）と言われている。

北海道に多くのストーンサークルが存在するのは不思議なことで、北海道の縄文時代をもう少し勉強しようと思った。

愛媛県上浮穴《かみうけな》郡美川村上黒岩　上黒岩岩陰遺跡

二〇一四年七月一九日、二〇日の両日、高知空港から坂本龍馬脱藩の道を通り、四万十川源流から檮原《ゆすはら》町の「雲の上のホテル」に泊まり、四国カルストを越えて、この遺跡にやってきた。四万十川源流点からの帰り道、東津野村の吉村虎太郎の生家を訪れた際、奈良から来たと、生家の近所の人に言ったものだから、大きななすびを七、八つもプレゼントされて嬉しかった。吉村虎太郎は、東吉野村で死亡したので、東津野村と東吉野村は姉妹都市になっており、よく交流があるということだった。七月一九日は檮原町の「雲の上のホテル」に泊まって、檮原町にある龍馬脱藩の道や、六志士の墓などを見て歩いた。又高知県唯一の木造芝居小屋、ゆすはら座も興味深かった。

翌日は朝早く、日本三大カルストの一つ、四国カルストを歩いた。四国カルスト高原は標高一四八五メートルの天狗の森を最高峰として、東西二五キロにわたってカルスト台地が広がっている。里から登ってきた牛たちがあちこちでのんびり草をはんでいる。

この台地には二台の風車があり、一時間に六〇〇キロワットの電気を作り出しているそうだ。このカルスト台地を越えた愛媛県で、久万町に出る手前の美川村を流れる久万川の清流、国道三三号線沿いの川の対岸に上黒岩岩陰遺跡がある。

この近辺は、石鎚山の西南麓の山地で標高は四〇〇メートルほどの地点である。この遺跡は東北面高さ二〇メートルの石灰岩の断崖を背にして、西南に開いた遺跡で、昭和三六年美川中央中学一年生の竹口義照さんにより発見された。

この遺跡は昭和三七年から昭和四五年まで五回にわたって発掘調査がなされ、遺跡はわりにきちんと保存され、この遺跡の横に考古館があり、発掘された遺跡が展示されている。

入館料は一〇〇円で安い。初老のご婦人が丁寧に展示品の説明をしてくれる。

この遺跡の注目点は、一万年前の男女の人骨が、幼年から老齢まで二〇体以上出土していたこと、縄文人の特徴がこれによって明確になった。又、これらがきちんと埋葬されており、長期間埋葬された人達と居住していたということである。そして、八〇〇〇年前の飼い犬の骨が二体出てきたことも注目された。よほど生活条件が良かったのか、この遺跡は数千年間継続して使用されていたことがはっきりしている。この近辺にもう一カ所同様の遺跡があるらしいが、まだきちんと発掘されていないということであった。

ここから久万高原を経て、松山に出て道後温泉に入って、松山空港から帰った。

宮城県東松島市　里浜貝塚

二〇一五年四月二四日（金）、早川弁護士、谷智恵子弁護士らと福島県土湯温泉の奥の仁田沼にカタクリの花とミズバショウを見に行くことになった。まず仙台空港に朝早く着いたので、とりあえず東松島市の縄文遺跡「里浜貝塚」を訪問することにした。

途中、塩竈の鹽竈《しおがま》神社に立ち寄って桜の花を見たり、松島の瑞巌寺にも立ち寄った。里浜貝塚は松島湾最大の島、宮戸島にある。この貝塚は縄文時代前期から弥生時代にかけて（約六〇〇〇年前から二〇〇〇年前）の大規模貝塚として有名である。

里浜貝塚は奇跡的に東日本大震災での津波の直撃を免れた

東松島市は奥松島とも呼ばれているが、宮戸島ではほとんどの浜がさきの大震災で津波に襲われて大きな被害を受けた。石巻湾に面する宮戸地区の室浜、大浜、月浜は津波の直撃を受け、全家屋の約九割に当たる約一三〇戸が流失した。しかし、縄文遺跡のある里浜は高さ一〇メートルの高台にある家屋が多く、全戸一一七戸中、流された家は四戸にとどまった。「里浜は津波のダメージが比較的少なく、生活の場として縄文時代から安定していたことをあらためて示したのではないか」と評価されている。

どんな規模の貝塚だったのか

松島湾岸と湾内の島々には貝塚が五九カ所あるといわれている。その中でも里浜貝塚は日本国内でも最大規模の代表的貝塚の一つである。

貝塚は東西八〇〇メートル、南北約二〇〇メートルの範囲にあり、集落は約六〇〇〇年前の縄文時代前期にはじまり、晩期まで長期間続いた。やはり自然条件が良かったのであろう。

自然条件の中でも食べ物の獲得が重要である。この点、海岸の近くであるから海から海藻、春から夏にはイワシ、初夏にはスガイ、アサリ、夏にはアジ、サバが得られたし、年間を通じてアイナメ、メバル、ウナギ、スズキもとれた。

堅果類では、秋にはトチ、クリ、ハシバミ、根茎類ではキノコ、ヤマユリ、ヤマノイモ、春にはフキノトウ、アサツキ、セリ、ゼンマイ、ワラビなどが採集できた。

これらの食料を計画的に保存していたようで、保存施設として貯蓄穴も各地で発見されている。

その上、海岸では製塩遺跡も確認されている。

奥松島縄文村歴史資料館

この縄文遺跡は大正七、八年、松本彦七郎たちによって発掘された。わが国最初の層位学的発掘方法がとられた。これは貝塚から貝層断面をはぎ取る方法でなされた。

ここからは多数の縄文人の人骨や漁具、装身具等、多彩な骨角器が出土することで知られている。

このため一九九五年に国指定、二〇〇〇年には西畑地点出土遺物六九〇点が重要文化財に指定された。

これらを記念して、奥松島縄文歴史資料館は建設され、またこの周辺に「さとはま縄文の里史跡公園」も建設されている。

私達は天気も良好だったし、資料館や里浜貝塚をゆっくり見学した。津波にここが襲われなかったことは本当に良かったと話しながら、里浜貝塚に別れを告げた。

新潟県十日町市　笹山縄文遺跡

二〇一五年八月中旬頃、新潟県津南町から長野県栄村にかけて流れる、中津川渓谷沿いの秋山郷と六日町の八海山に行ってきた。メンバーは、谷智恵子、早川、津留崎、谷真介らの各弁護士であった。津南町を訪れる前に、十日町市の笹山縄文遺跡と十日町市博物館をまず訪れた。笹山縄文遺跡から出土した、火焔型土器は特に有名で、土器としては日本初めての国宝であり、新潟県としては唯一の国宝として、新潟県人の自慢の出土品である。

笹山遺跡

笹山遺跡は、新潟県の南東部の十日町市にあり、信濃川右岸の川岸段丘上に位置している。

この遺跡は、野球場と陸上競技場の建設に伴って発見されたもので、昭和五五年から一〇回にわたって調査がなされている。

現在は、遺跡内に市営笹山野球場と陸上競技場があり、当日も野球の試合が行われていた。

縄文時代の遺構は、炉跡（縦穴住居）一一二基、配石遺構一基、土坑五基、埋かめ三六基などが発見された。発見された土器は中期前半～後期前半のもので、主体を占めているのは、中期（約五五〇〇年前）の中頃から終末の土器で、中でも特徴的なのは、火焔型、王冠型土器である。

火焔型土器

「火焔土器」は、昭和一一年に長岡市の馬高遺跡で発見され、復元された。その形が燃え上がる焔に似ていることから、火焔土器と名付けられた愛称である（写真参照　十日町博物館）。

火焔型土器はそのほとんどが新潟県内、特に信濃川上、中流域（津南町、十日町市、長岡市）で集中的に出土している。

笹山遺跡から発見された火焔型土器や深鉢型土器など出土品計九二八点が平成一一年（一九九九）国宝に指定された。

新潟県にとって、はじめての国宝指定である。

縄文時代の遺物では、長野県茅野市棚畑遺跡出土の土偶（縄文のヴィーナス）が第一号の国宝指

火焔型土器

定で有名であるが、土器では火焔型土器が第一号である。

笹山遺跡では、竪穴住居が再現され、現地では今も発掘品の再現と整理が続けられている。

私達はここから出土品が展示されている十日町博物館に向かって出発した。

北海道　常呂遺跡

二〇一六年七月二二日から二五日まで、大雪山系の旭岳と黒岳に行った。足が悪くて途中までしか登れなかったが、時期がよかったためか、高山植物に沢山出会うことができた。帰りは、網走湖畔に泊まって女満別空港から帰る予定であったので、サロマ湖の原生花園のすぐそばにある常呂遺跡に立ち寄ってみた。

サロマ湖は、オホーツク海の栄浦漁港にも近く、この近くにある常呂遺跡は自然環境も良かったのか、縄文時代からアイヌ文化の時代まで長期間人が住み続けた遺跡である。

この遺跡には、昭和三二年の発掘以来二五〇〇

常呂遺跡

続縄文の村

年前の竪穴住居跡が発見されており、遺跡のある森の中には各時代の竪穴住居が再現展示されている。

現在も、常呂川水系を中心にして、東京大学常呂研究所より調査研究が続けられている。

この森は、カシワナラを中心とした落葉広葉樹の森林で、この森の中に、縄文文化（約四〇〇〇年前）、続縄文文化（約一八〇〇年前）、擦文文化（約一〇〇〇年前）の竪穴住居跡が復元展示されている。

このため、各文化の立地条件、形、内部構造の変化がわかるようになっている。

北海道の古代文化について

北海道では縄文文化、続縄文文化、擦文文化といった文化の流れが説明されている。

二〇〇〇年前頃、本土では、水田耕作と鉄器をつくる技術を持つ弥生文化が広がってゆく。しかし、北海道では弥生文化は広がらなかった。北海道の人達は、南の弥生文化と同時に北のサハリンの大陸文化と接して、続縄文文化と呼ばれる北海道独自の文化を形成した。

五世紀以降、北海道ではサハリンからオホーツク海沿岸にやって来た人達の文化をオホーツク文化（五~九世紀）と呼んでいるが、それと同じ頃本州の文化の影響で土師器に似た土器や鉄器も使いはじめた。この文化を「擦文文化」と呼び、七~一二世紀頃まで、続いたといわれている。

そして、オホーツク文化（五~九世紀）、擦文文化（七~一二世紀）が八~九世紀に出会い、その後のアイヌ文化はこの両方の要素が受け継がれてきたのである。

常呂遺跡では、これらの長い時代の文化が受け継がれてきたところに最大の特徴があり、人が住むには大変いい場所であったと想像される。

日本の山と花

五家荘《ごかのしょう》と白鳥山登山

熊本県と宮崎県にまたがる山の中の村々、五家荘には早くから一度訪れたいと思っていた。二〇一〇年五月連休にやっと実現した。

五家荘へ

二〇一〇年五月一日（土）、新幹線で博多に出て、特急に乗り換えて熊本へ。熊本から普通列車で三つ先の松橋駅で下車した。午後一二時四〇分であった。

この駅で佐賀労山の西さんと坂井さんの車に同乗させてもらう。久しぶりに晴天の暖かい日和である。車は午後一時すぎに出発する。

五家荘に入るには、約三〇キロ先の標高約一一〇〇メートルの二本杉峠を目指すことになる。午後二時三〇分すぎに二本杉峠に到着して、峠の茶屋で休憩する。ここの店で柚子胡椒、ヤマメの甘露煮、豆腐の味噌漬けなど、特産品を色々売っている。この峠からは目の前に雁俣山（一三一五メートル）が見える。峠からは登山道があり、簡単に登れそうだ。登山口ではシャクナゲが満開で、春を感じさせてくれる。

二〇〇五年八月一日までは五家荘は、熊本県八代郡泉村であったが、八代市泉町に変わった。何だか夢がなくなった感じがする。

五家荘には二六六平方キロの広大な山林の中にあり、一三〇〇〜一七〇〇メートル級の山が一〇近く連なっている。それらの山々の山腹に、葉木《はぎ》、仁田尾《にたお》、椎原《しいばる》、樅木《もみぎ》、久連子《くれこ》の五つの集落が点在するので、五家荘と称されてきた。

梅の木轟吊橋と梅の木轟の滝　葉木

二本杉峠から五、六キロ先の道のそばに長い吊橋がある。長さ一一六メートル、高さ五五メートルで、上下の補助ロープや支柱を使わないＰＣ吊床版橋としては、日本最長ということである。なぜこの吊橋ができたのかというと、険しい谷の奥にあり、長い間幻の滝といわれていた梅の木轟の滝に渡るためということで、平成元年一〇月に建設されたのである。見応えも、渡りごたえもある吊橋で、吊橋の終点から三〇〇メートルほど歩いて谷間に下って行くと、落差三八メートルの梅の木轟の滝を見ることができる。

轟とは、もともと滝のことで、轟の滝といえば同じことを二度呼んだことになる。この滝は、岩を段々に下っている女性的な感じの滝で、見る値打ちは十分にある。滝と共に新緑の美しい、すがすがしさを味わうことができた。

五家荘は九州山地の山懐の深いところで、川辺川の源流域をなしているので、渓谷が多い。そのため滝と吊橋も多数あって、五家荘の中には一〇を超える吊橋があるらしい。

佐倉宗吾の旧跡

二本杉峠から一〇キロの地点に、佐倉宗吾の旧跡がある。民宿「佐倉荘」の手前で、石段を上がると五家荘葉木の緒方家が、宗吾の死後建てたという小さな祠堂があった。

佐倉宗五郎、宗吾、木内宗吾、惣五郎など、いろいろの名前があるが、これらは同一人物を示すもので「佐倉義民伝」の人として、歌舞伎や芝居でも有名である。歌舞伎では佐倉宗吾として演じられている。前進座も二〇〇五年五月に七五周年記念公演で「佐倉義民伝」を上演した。ストーリーは次のようなものである。

佐倉藩主堀田上野介は悪政を布いたため、領内の百姓が飢餓に瀕した。この悪政に対して、印旛郡公津村の名主「木内宗五郎」がまず国家老に訴え、次に江戸家老に訴え、これらの訴えがすべて無視されてしまった。最後に四代将軍家綱が三代将軍家光の墓参りに上野寛永寺に行った際、将軍に直訴した。そのため宗五郎も妻も四人の子供すべてが磔に処せられた、というものである。原作は三代目瀬川如皐《じょこう》（『与話情浮名横櫛』の作者）で寛永四年八月四日、江戸中村座で初上演された。千葉県成田市には宗吾霊堂、木内宗吾墓所、宗吾旧宅、宗吾街道まであって、歴史的事実として語り継がれているが、歴史的事実としての証明は何もないということである。

五家荘葉木の「佐倉宗吾の旧跡」は、まさにこの義民伝の宗吾の旧跡というのである。彼は、この地の地頭緒方左衛門の二男として生まれ、叔父に当たる光金和尚が僧となって、下総の国に移住したので、この光金和尚を頼って下総の国で暮らすようになった、という話がこの地方の伝説として伝えられてきた。その後下総の国印旛郡公津村の名主、木内家の養嗣となり、芝居のような活躍をしたというのである。

宗吾が磔で死んだ後、葉木の緒方家では堂を建て、永々と現在まで供養を続けているということである。有名な「義民伝」の主人公が、この山深い村の出身という伝説のあることは、ここに来るまで全く知らなかった。

五家荘に来てびっくりしたのは、五家の一つとして名付けられた葉木にしろ、樅木にしろ、家屋は一、二軒しかなく、一部落一軒といった感じである。五家荘の人口は約四五〇人というから、二六六平方キロの広大な地域にこれだけの人数だから驚いてしまう。しかも、家と家の距離が五、六キロもあり、歩いたら大変である。

五家荘「平家の里」と樅木の吊橋

佐倉宗吾の旧跡から六、七キロ先に平家の落人に関する伝説や当時の暮らしぶりを伝える資料館が建てられている。朱色が鮮やかな能舞台では、毎年五月と一〇月に平家琵琶と夜神楽が行われている。今年は五月三日に春祭りがあり、夜神楽があるということだが、残念ながら明日五月二日には帰ってしまうので、見ることができなかった。ただ、一〇人以上まとまって一〇日前に予約すれば、随時神楽を見せてくれるということであった。

次に同じ樅木内にある、樅木の吊橋を渡りに行った。吊橋の手前に一軒の家屋があり、この家の庭は色とりどりのツツジの花が満開で、これ程の色のツツジがあるのかと感激した。ここの吊橋は上下二段になっており、上段が長さ七二メートル、高さ三五メートルで「あやとり橋」といい、下段は長さ五九メートル、高さ一七メートルで「しゃくなげ橋」と名付けられていて、上下の橋を渡って散策できるようになっている。昔はかずら橋であったが、現在はワイヤーロープに架け替えられている。ここは五家荘の中でも特に紅葉の名所で、秋には大勢の観光客が訪れるということだった。

ここから、縦木の第八小学校の前を通って、今夜の宿泊予定の民宿「山女魚荘」に到着したのが夕方五時であった。この民宿は「白鳥山」などに登る足場としては便利で、佐賀の労山の人達の常宿である。

食事はよく工夫されており、山菜の天ぷら、おひたし、ヤマメの刺身や塩焼きなど、肉類はシカと猪の肉で、シカはたたき、骨はリヴ煮などで、鍋料理には猪の肉が入っていた。この民宿はヤマメの養殖場を完備しており、一人三、四匹のヤマメを夕食に出しているということだった。

庭では山シャクヤクの花、エビネ、スズラン、ツツジなど春の花が咲いている。

白鳥山（一六三九メートル）

五月二日（日）午前六時に起床、七時前に朝食を終えて、早速山登りに出発した。

一九八六年に宮崎県の椎葉と五家荘を結ぶ秘境ルート、椎葉五家荘線が開通したので、白鳥山登山は大変楽になった。車は午前八時一〇分に熊本と宮崎の県境の峠、峰越（一五〇〇メートル）に到着した。五家荘から一八キロの地点である。

午前八時二〇分に峰越の登山道入口を出発した。天気は上々で、車で来る登山者も数人、私達を追い越していく。歩き出すとすぐに、コバイケイソウの緑の葉が点々と登山道を飾っている。コバイケイソウはユリ科の仲間で、花形はウメ、葉はシンビジウムやシランに似ている。花期は普通六〜八月であるが、分布は本州の中部以北から北海道で、九州のこの山に咲くのは一六三九メートルの高山であるからと思われる。いくら歩いても、コバイケイソウの葉ばかりで、花はまったく見あたらない。登山道は歩きやすく縦走路を行く感じである。二〇分も歩くとブナやシナノキなどの巨木の林の中で、明るい森を見るようである。ブナは南限に近いと思われる。たまに鹿がごそごそ歩くのがちらちら見える。この山も鹿の害がひどいようだ。

一時間一五分くらい歩いたところで、石灰岩が沢山露呈しているカルスト台地に出る。この附近一体は、白鳥山の花、山シャクヤクの群生地である。今年は春が遅く、東京でも桜の花びらに雪が積もることもあった。山シャクヤクの開花は、五月一〇日頃だろうと、このあたりの山をよく歩いている地元の登山者が教えてくれた。つぼみはふくらんでいて、もう二、三日で開くというのもあったが、花は一つも見つからなかった。山シャクヤクの花は、昨夜泊まった民宿の「山女魚宿」の庭に咲いているのを撮影したので、それで満足しなくてはとあきらめた。

山頂のすこし下に平家落人平清経住居跡の標識が立っているのにぶつかった。平家落人伝説が、色濃く残る五家荘の中では理解できるが、こんな山の中に住居跡があるとはちょっと信じられない気分であった。

平清経は、平清盛の孫で、平重盛の三男だが、物語では横笛の名手で、大分県の柳ヶ浦で入水自殺したと伝えられている。しかし、この五家荘では、武将が入水するはずはない、大分県の緒方町の「緒方家」に身を寄せた清経は、緒方家の姫を伴い、山奥の五家荘に隠れ住んだという伝説が伝えられているのである。

又、五家荘に来る道筋に美里町があるのだが、この町の砥用《ともち》に「内大臣」という地名が今も残っており、「内大臣」といえば清経の父親、平重盛のことで、平清経が五家荘に住む

白鳥山山頂にて

前、一時緒方三郎と名を変え、しばらく砥用に滞在していたので、「内大臣」という地名が生まれたのだといわれている。

内大臣には「小松神社」もあり、五家荘に行く武将は間違いなく「平清経」だと、地元では信じられているということである。

頂上に到着したのは午前一〇時一〇分で、登山口から一時間五〇分掛かったことになる。頂上は眺望のきかない平坦な頂きであった。写真を撮り、一〇分程休憩して同じコースを帰る。激しい登り下りもない、歩きよいコースで、天気も薄曇りで暑くもなく、私には快適な登山であった。カルストの岩場で昼食をとり、元にもどったのは一一時五〇分であった。

椎原の緒方家へ

白鳥山登山を終えて今日中に帰るのだが、二本杉峠に直接行くのではなしに、椎原の緒方家の屋敷を見学して帰ることにした。白鳥山の登山口から樅木までは一八キロ、吐合まで一〇キロ、左に折れて椎原まで一〇キロ、合計緒方屋敷まで行くのに三五キロも走るのだから、五家荘の見学は大変である。

緒方家の屋敷は三〇〇年前の建物で、近年まで民宿をしていたが、老朽化が進んだため、八代市が取得して復元したもので、八代市が入場料をとって管理している。白鳥山でもふれたように、平清経が緒方姓を名乗り、緒方三郎と改名して、白鳥山に住み着いた。その四代目の子孫である、緒方紀四郎盛行がここ椎原に住み、代々この地を支配してきたと言われている。緒方紀四郎盛行の弟の近盛と実明がそれぞれ久連子、葉木を支配したといわれているので、五家荘はどこに行っても緒方家である。

一階には囲炉裏部屋、二階には隊士部屋などがあり、風格のある屋敷であった。

左座家の屋敷とせんだん轟の滝

緒方屋敷から二本杉峠に向かって約八キロほど行くと、左座家の屋敷がある。道路の左には、左座民宿があり、右上の小高いところに左座家の屋敷が建っている。この屋敷のそばに墓所があり、墓標には、飛び梅の「梅」の紋章が入り、「菅原家・左座家」と記されている。というようにここは、緒方家と違って菅原道真である。

現在ここに住んでいるのは菅原道真から数えて五〇代目の当主で、民宿を営んでいるとのことである。藤原一族によって九州に左遷された菅原道真には、二人の子供がいて、道真が五九歳で亡くなった後、藤原氏はこの兄弟に追い討ちをかけ、兄弟を討ち取るため九州に軍勢を差し向けた。追われた兄弟は五家荘仁田尾に逃げ込んで「左座太郎、次郎」と名を変えて個々に住み着いたといわれている。九二三年の頃の話ということである。

現在の屋敷は約二〇〇年前の建築で、八代市がやはり管理している。左座家の子孫は加藤清正の頃は地頭職、細川家の時代はその家臣、幕府の天領になった折には大庄屋待遇で生き続け、現在に至ったということで、五家荘の伝説も長くて奥深いと思った。

ここから約二キロ、山道をぐねぐね走ると、はるか左前方にせんだん轟の滝が見えて来る。熊本県内一の高さを誇る滝で、落差は七〇メートルで迫力のある滝である。道路の展望所から直径八メートルの滝壺まで遊歩道があるが、時間がないので遠くに眺めただけである。

この遊歩道には、長さ三八メートルの吊橋が架けられており、江戸時代の『五家荘紀行』の文献通りの吊橋を元に復元設計されたものである。秋の紅葉の頃は、吊橋と滝と峡谷美が一体になってすばらしいと案内書には書かれていた。

ここから一五キロ程走って午後三時すぎに二本杉峠に着き、ここで「柚子胡椒」を買って、松橋駅に急いだ。一六時二〇分に駅に着き、一六時二九分の列車にようやく間に合った。

後で聞くとこの松橋は、事務所の城塚健之弁護士の生まれ故郷ということだった。

大阪法律事務所のOB弁護士の同窓会 〜奈良県東吉野村にて〜

二〇一七年四月二二日・二三日、奈良の松岡康毅弁護士の呼びかけで、大阪法律事務所出身の弁護士らが集まることになった。

まず、午前中に奈良の山に登ろうということになった。午前九時三〇分榛原警察署前に集合。

山登り参加者は、福山孔市良、大川真郎、松岡康毅夫妻、長野真一郎、松尾直嗣、城塚健之、谷智恵子ら各弁護士七名。

まず額井岳（八一二メートル）に登る。大和富士と呼ばれているだけに、三角形の山で登りは一時間ちょっとが、きつい。桜が咲き残り、山ツツジがピンクに咲いている。

下りもなかなか急で大変だった。山部赤人の墓が

同窓会参加者と額井岳へ

同窓会参加者と

帰り道にあるというので、寄ってみる。

「田子の浦に　うち出でてみれば　白妙の富士の高嶺に　雪は降りつつ」（小倉百人一首）は赤人の歌である。

下山後、車に分乗して東吉野村平野の天好園に寄って、たかすみ温泉に入浴。温泉に入って疲れを取る。

天好園、平野川べりの桜が満開で、みんなうっとりした。松岡弁護士の山小屋の前の桜も見事に美しい。

夕方から参加の杉山彬、寺沢達夫、吉田恒俊、岩嶋修治、杉本吉史、宮地光子ら各弁護士も到着して、たかすみ温泉へ。

夕食には、松岡康毅弁護士の奥さんが、この日のために、山菜のこごみやたらの芽、たけのこなどを用意して、おひたしや天ぷらにして食べさせてくれた。あまごの串焼き、豚肉の串焼きも、いろりを囲んでおいしく食べることができた。ダッチオーブンの鶏の丸焼きは圧巻であった。

八二歳（一五期）の杉山弁護士から三九期の杉本・城塚弁護士まで、これほどたくさんの大阪法律事務所出身の弁護士が一堂に集まったのははじめてのことで、感激してしまった。

山登り、桜の花見、温泉、山菜料理、なつかしい顔ぶれ。すべて満足して一日が終わった。

山の辺の道　Ⅰ

山の辺の道の天理側の出発点は石上神宮である。この神社の境内でニワトリが放し飼いにされている。白あり黒あり、名古屋コーチン風の姿の立派なニワトリも多数まじっている。ニワトリは早朝に鳴くものだと思っていたが、ここのニワトリは昼でも三時頃でもコケコッコーと大声で鳴いている。

石上神宮を出ると次は永久寺跡に出る。ここの池の畔に松尾芭蕉が宗房と称していた時代の句碑がある。

「うち山や　とざましらずの　花ざかり」

ここは桜の名所だったらしい。現在は、いい匂いを放って梅の花が盛りである。

石上神宮にて

山の辺の道　Ⅱ

夜都伎神社から乙木の村に入って五分程歩くと村の出口に出る。ここから少し歩くと竹之内環濠集落に到着する。山の辺の道を歩く時はこの集落を往復することにしている。往復二時間半ちょっとのハイキングである。

乙木の村の出口のそばに無人販売所があって、ここでは村の産物、大豆・小豆・キンカン・米・苺など、年中売っているのが干し大根・千切り大根である。一袋一〇〇円。この店の近所で軒下で大根を干して、千切り大根を作っているのが目についた。山の辺の道の風物である。

軒先の大根

早春の花　福寿草

冬から早春にかけて一番早く咲く花と言えば白色の水仙である。この花は、一二月の中旬を過ぎたら咲きだし、三月頃までいい香りで咲き続けている。

一方日本らしい早春の花と言えば福寿草であろう。二月のまだ寒い中、日だまりで黄金色に輝いて咲いているこの花を見ると、春の近いことを実感させてくれる。昔この花について「力強いつぼみを地上に出して寒い冬に耐えている姿は、明日への希望を持たせてくれているようで見ていてうれしいものである」と書いたことがある。

最近の暖冬からすれば、この印象も少々薄れてしまうのかもしれない。

福寿草

残り柿に集まる小鳥達

私の家のそばに大きな甘柿の木がある。今シーズンの柿は、実りが豊かで甘いいい柿がたわわに実った。

正月から二月のはじめにかけて、この残り柿に色々な鳥が集まって夢中で柿の実をつついているのを見ることができる。

多いのがメジロ、一番厚かましいのがヒヨドリ、次にスズメ。たまにカラスも来ている。同じ種類の鳥が二〇～三〇羽団体で来ることも多い。

爆買いでなく爆食いの感じである。甘柿を食べ尽くすと次は渋柿に移動する。このタイミングがなかなか上手である。

わが家の庭の残り柿と小鳥

お茶の練習

わが家では一年に二回程度お茶の好きな人が集まって、みんなでご飯を食べてお茶の練習をしている。

一応お茶の先生に来てもらってはいるが、ほとんど素人ばかりなので、お茶の作法は無視してみんなで楽しくいただくのが中心である。

第二章　ヨーロッパの村と道

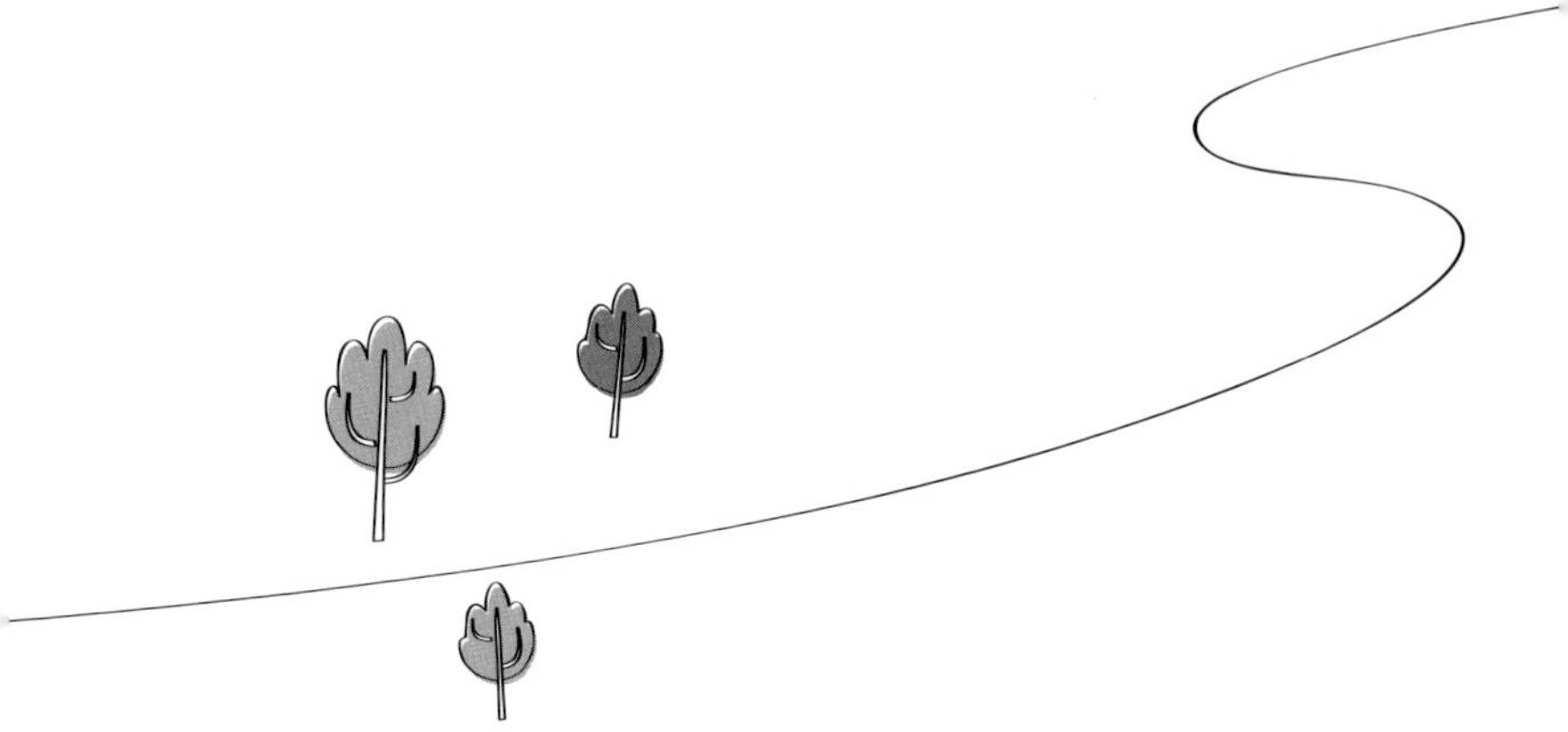

西南フランスの美しい村とロマネスクの道

ボルドーからサンテミリオンへ

二〇一一年四月二九日金曜日　午後二時四〇分発のＴＧＶ八五三九にパリのモンパルナス駅から乗り込んでボルドーへ向かう。

このＴＧＶはモンパルナス駅を出ると次がボルドーまでノンストップで約三時間の列車の旅である。

四月終わりから五月にかけてはパリの町中もマロニエの花が咲いて美しいが、パリの街路樹としてだけでなく、鉄道の沿線にも沢山植えられている。白い花も赤い花も直立して咲くのでその花房をたとえて、シャンデリア・ツリーと呼ばれることもある。

このマロニエは日本では何と呼ばれているのか知っている人は少ない。大きなカエデ型の葉を付けるトチノキが日本名である。

フランスのマロニエは別名セイヨウトチノキといわれている。

マロニエといえばフランス、パリと思ってしまうが、原産地はアルバニア、イラン付近で、ギリシャ、トルコ経由で一六世紀末にヨーロッパに来て、フランスは一六一五年に導入されたということである。

パリのマロニエ並木も四〇〇年の歴史に過ぎない（『日本の樹木』辻井達一　中公新書）。ついでに、ヨーロッパでよく見かけるプラタナスはスズカケノキ科スズカケノキ属でこれはヨーロッパで自生していたもので、街路樹では、こちらの方が歴史が古く、ギリシャでも古代から植えられており、耐寒性もあるので寒冷の地方でよく育つそうだ。灰田勝彦の「すずかけの小道」などはよく聞いた流行歌でスズカケ（篠懸）と聞けばこの歌を思い出す。

列車は二等車でよく混んでいる。私たちのグループはかたまって座っているが、こちらの人達も私たちの前後に座っている。鈴木さんと中橋さんは列車に乗るとすぐ囲碁をはじめた。三時間で二試合はできるのでいい時間つぶしだ。

パリからボルドーに向かうというと、大西洋側をスペイン国境ピレネー方面へ向かうのだが、菜の花も咲き残っていて、黄色の畑も美しい。フランスで列車の旅をすると、その国土の広さにためいきが出てくる。フランスは農業国だと認識をいつも新たにさせられる。ボルドーには一〇分遅れて一七時五〇分に到着した。さすがに駅舎も大きいし、人も多い。

私たちはボルドーからすぐ、目的地のサンテミリオンにバスで向かう。バスがなかなか来なくって、駅前を出発したのが一八時四五分だった。今夜泊まるホテルはサンテミリオンの五キロ手前のLibourne（リブルヌ）のメルキュールホテルである。

途中、ホテルに近くなると道路の左右はブドウ畑でまだ葉が展開したばかりで背は低いが、緑のはてしない連続は美しい。

ホテルには一九時三〇分頃到着する。ホテルの前にはドルドーニュ川が流れており、夕日に照らされて川面がキラキラ光っている。夕食はホテルの近くのレストランでハムと野菜、固い牛肉のステーキ、風呂にも入らずすぐねむった。

ワインの村、サンテミリオン

サンテミリオンのシャトーにて

四月三〇日（土）朝六時三〇分に起きて、風呂に入って頭を洗ってさっぱりする。朝食を七時三〇分に食べて出発まで町の散歩に出る。
この町のことは全く知らないが、ホテルの前は大きな川ですぐ近くに大きな円形の塔があり、燈台のような役割をはたしていたらしい。
一〇分も歩くと町の中心で教会や市役所もあり広場では朝市がぼつぼつ始まりかけていた。昼弁当の足しに、イチゴとバナナとトマトを買う。

午前九時ちょうど、ホテルを出発して、九時一五分過ぎにはサンテミリオンのブドウ畑が広がる「シャトーデ・ロード」に到着する。サンテミリオン地区の中の小さなシャトーで家族だけでブドウ作りとブドウ酒造りをしているようだ。

ご主人は農夫のような五〇歳代のこぶとりのおじさんで、まず一人一人握手をしてから、サンテ

朝市の風景

シャトーのご主人

ミリオンのブドウ酒やここのブドウ酒について添乗員の阿辻直子さんの通訳で説明を受ける。

サンテミリオン（Saint-Emilion）はボルドーの北東三五キロのジロンド県にある。ボルドーワインの産地として有名で、この地区の七つの村とワイン畑が一九九九年世界遺産に登録された。

ブドウ畑の風景が世界遺産に指定されたのはフランスでもここだけで、ブルゴーニュでもその他の地域でも全く聞いたことはない。

ご主人の話によると、サンテミリオン地区のブドウ畑は三〇〇〇ヘクタールあり、畑は五ヘクタール位ずつに分けられているようだ。

このシャトーの畑は四ヘクタールで、規模としては小さい方だといっていた。しかし、自分のところは自然有機農法で太陽とバクテリアでブドウの木を育てているのだと自慢していた。

サンテミリオンの土壌は、主に石灰と粘土からできており、味の違いを作りだすさまざまな栄養素が約一〇種類以上存在しているということである。

サンテミリオンのワインについて

ボルドーワインは大きく分けてガロンヌ川およびジロンド川の左岸のメドックとグラーブ、ドルドーニュ川右岸のサンテミリオンとボムロールが代表であり、又有名である。

四つの代表的地区の中でメドック、サンテミリオン、ボムロールはいずれも赤ワインである。

（『ワインが語るフランスの歴史』山本博　白水社二〇三～二〇四頁）

ブドウの種類としてはメルローとカベルネフラ

ブドウ畑

ン種のミックスされたのがサンテミリオンのワインで、ここのシャトーのワインはメルロー二五％、カベルネフラン七五％のミックスと説明されていた。

豊かなコクとまろやかさ、色合いには紫味はほとんどなく、タンニンは穏やかでフルーツの香りのものが多いということである。

ここのシャトーの畑を見わたすと、ブドウの木はまだ低く、葉を展開したばかりのういういしさがあって畑そのものがすがすがしい感じがある。ブドウの木は平均四五年で古いものは一〇〇年ものもあるということで、ブドウを育てるのも大変だということがよくわかった。このシャトーの赤のシャトー・ドゥ・ロードの二〇〇九年ものは三一ユーロ（一ユーロ一二〇円として三七〇〇～三八〇〇円）で、谷さんがみんなで飲むつもりで買ってくれたが、旅の途中、本人が一滴も飲まないうちに酒好きに飲まれてしまった。

一時間程このシャトーにいて、いよいよ、サンテミリオンの村の観光に出発した。

サンテミリオンの村と建物

ここの中心は小高い台地にある「モノリス（一枚岩）教会」の大鐘楼のある広場で、iの表示のあるインフォメーションがあり、ここに集まって村の案内図をもらい二時間の自由行動ということで解散する。

この村の歴史も古い。紀元二世紀に古代ローマによってブドウが導入され、植えられるようになった。四世紀にはラテン詩人アウソニウスによってブドウが詩に読まれ讃えられた。

サンテミリオンの名前の由来は八世紀にこの地の洞窟で暮らした聖エミリオンによる。さきほどのモノリス教会は聖エミリオンの教えを継ぐ人達によって建てられた。モノリス教会の部分は九世紀に造られ、高さ一三三メートルの鐘楼は一二世紀に着工され一五世紀に完成されたものである。

フランス人の観光客も多く、あちこちのレストランもにぎやかである。この鐘楼の先に見えるのが王の城の塔で、ここに行くには細い道を下って、又、登らねばならない。城と城壁は崩れてないが砦として使用された塔だけが残っており、急な階段をぐるぐる登って上まで行くことができる。入場料は二・

サンテミリオン　世界遺産の村とブドウ畑

五ユーロだった。

この上からは町とそれを囲むブドウ畑を一望することができる。写真をバチバチ撮る。上で今朝買ったイチゴをみんなに配給する。昼食の時間なので、小陰のある、この塔の下で弁当にする。

アルファ米で作ったおにぎりや味噌汁その他で短時間の昼食をとる。昼食後、高台にもどり、一一世紀末のロマネスク様式のコレジャール教会に立ち寄って内部を見学し、インフォメーションの集合場所に帰る。

サンテミリオンは、サンチャゴ・デ・コンポステーラの巡礼の地でもあって、立ち寄った人々によってこの地のワインが広く知られるようになったといわれている。

世界遺産にふさわしいワイン畑と村の建物と風景であった。

モンテーニュの居城へ

堀田善衛の『ミシェル　城館の人〈争乱の時代〉』（集英社）を読んだこともあって、この一六世紀のフランス・ルネサンスの思想家が生まれ育ち、エッセーを書いたモンテーニュの居城に立ち寄ってみたいと思ったので「ラスコー洞窟」に行く前に寄り道することにした。

モンテーニュの住んでいた村までは、サンテミリオンからバスで三〇分位のところで、サンテミリオンを午後一時に出発して、モンテーニュの村に着いたのは一時三〇分すぎだった。

バスを降りるとすぐのところに小さなサン・ミッシェル教会があり、この教会のそばに、モンテーニュの横顔のある銅像が建てられていた。「ミシェル・エーケム・ド・モンテーニュの栄光に寄す　一五三三〜一五九二」という趣旨のフランス語が刻まれていた。

城館はこの教会から三、四百メートル奥で、直接城館は見えず、モンテーニュという看板の

モンテーニュ記念碑

土産物屋らしきものがあり、そこの人に聞くと二時から一人三フランで入場できるということだったが、時間がないし、モンテーニュが洗礼を受けた教会の中にも入れたし、教会前のモンテーニュの記念碑も見たことだしこれで帰ることにしようということになった。二時五分ここを出発した。この辺のまわりもブドウ畑が多かった。

モンテーニュは一五三三年ここの城で生まれた。日本の織田信長と一歳違いということで、日本でも戦国時代、フランスでも宗教戦争の「争乱の時代」であるが、一方フランスではフランス・ルネサンスの時代と位置づけられている。

モンテーニュは『随想録』（エセー）の作家として知られているが、私もこの旅でここに来るということで世界文学大系二冊分モンテーニュ『エセー』を読んだが、こんなことでもないかぎり、こんな本は読むことはなかっただろうと思う。

モンテーニュという人は父親の意向で奇妙な幼児教育を受けている。三歳の時から数人の家庭教師によって、ラテン語のみによる教育を受けさせられた。フランス語やこの地方のペリゴール地方語を全く覚えないうちからラテン語教育を受けることになった。当時ラテン語は、ヨーロッパにおける国際語であり、ラテン語熱も盛んであった。エラスムスやトーマスモアなどの思想が地下水のように全ヨーロッパに浸透していた時代でもあった。

ラテン語を理解できればエラスムスやモアやラブレーの作品も自由に読むことができたのも

事実であった。モンテーニュもギリシャやラテンの古典の勉強もし、ボルドーでの司法官を三八歳で引退して自らの館のモンテーニュ城で読書と思索の生活を送り、『随想録』を書き続けたといわれている。ラテン語の幼児教育が何らかの影響があったことは間違いないであろう。

先史時代の遺跡　ラスコーⅡ

今日の最後の見学場所はベゼール川に近いラスコー遺跡である。

午後四時三〇分までに入場する予約をしているのでバスも休みなしで飛ばして、四時三〇分ぎりぎりにラスコーⅡに到着した。森の中の一区画である。

現代人の直接の祖先といわれているクロマニヨン人が発見されたのは一八六六年、ペリゴール地方のベゼール川の鉄道運河工事現場であった。発見された場所を土地の人がクロマニヨンと呼んでいたのでクロマニヨン人と命名されたのである。

ペリゴール地方には先史時代の洞窟や遺跡が二〇〇以上も発見されており、ラスコーの遺跡も含めて「ベゼール渓谷の装飾洞窟」として一九七九年、世界遺産に登録された。

私達はその中でも代表的な洞窟であるラスコーを訪問するのであるが、以前は本物を洞窟内で直接見学できたが、カビが激しく、遺跡の保護のため一九六三年立ち入り禁止となり、三分位のところに全く同じ洞窟と壁画を作り、これをラスコーⅡとして見学させている。

ガイド付きで真っ暗な洞窟内を懐中電灯で一つ一つの作品を映し出しながら説明されるのである。これらが一七〇〇〇年前の作品かと、驚きを禁じ得ない程、すごいものであった。

このラスコー洞窟の壁画が発見されたのは一九四〇年九月のことでそれ程古い話ではない。四人の少年が偶然発見したのであるが、あまりのすばらしさに後世の偽作ではないかと疑われたこともあったということであるが、現在では約一七〇〇〇年前のクロマニヨン人が描いた作品と科学的にも証明されている。

牛・馬・鹿が主な作品であるが、岩壁の凹凸を利用してリアルに描かれている。赤褐色、黄、白などの色合いもみごとだし、絵と絵の配置の面白さや、連続描写も興味深かった。鳥の頭の人間像や、小さな熊もあり、洞内には人間の生活の跡が全くなかったので呪術や宗教的行事の場所だったと推定されている。

数年前、スペインのサンチャゴ・デ・コンポステーラに行く途中、サンティリャーナ・デル・マルの近くの一八七九年に発見された「アルタミラ」の洞窟を見学した。ここもラスコーと同じ理由で精密なレプリカを見学させているが（ここも世界遺産に登録）、ラスコーの方がアルタミラより規模がはるかに大きく、壁画も充実していると思った。

約一時間ちょっとの見学を終えて、今夜の宿泊地ロカマドールにむけ出発した。ロカマドール到着は一九時であった。

ロカマドールには連泊する予定なので明日一番にサルラに行き、ロカマドールの見学はサルラやロック・ガヤックの川下りの後になっている。

サルラ・ラ・カネダ（Sarlat-la-Caneda）

五月一日（日）毎日いい天気である。朝六時三〇分に起きてすぐに風呂に入る。みんながいっせいに入る夕食後はお湯の出が悪いので風呂は朝にかぎる。中橋伸二さんと二人部屋だったが、昨夕から二日間一人部屋でゆっくり荷物を片付けたり洗濯をしたりする。朝食は七時三〇分。九時出発まで断崖の上に建つ城や教会に朝の光がさして、美しい光景を写真におさめる。

九時サルラに向けて出発。細い洞窟のようなトンネルをバスの運転手は上手に抜けていく。オスピタルの村に出て、ここからロカマドールの全景を写真撮影する。少し進んだ道端でガチョウの飼育場を見る。ここから正面に個人所有の城が見える。

午前一〇時一五分、約一時間三〇分でサルラに到着した。

ドルドーニュ川とベゼール川に挟まれた三角形の森林地帯には栗やクルミなどの樹木が多く、ペリゴール・ノワール（黒いペリゴール）と呼ばれ、この中心的な町サルラはトリュフ・フォアグラ・クルミの産地として知られている。

ラ・ボエシの家

サルラの歴史は、九世紀にベネディクト派の宗教都市としてはじまった。一四世紀には商業の中心として栄えたが、百年戦争とペストの流行で町の存続の危機にさらされた。しかし、住民の力で町は復活をとげた。町の入り口近くの公園でバスを降りて、フォアグラなどを売っている店をちょっとのぞき、そのまま歩いてサルラのインフォメーションでトイレに行く。

このまま一二時三〇分まで自由行動で街の中を歩く。

観光案内所の前を進んで右に廻ると一四世紀のサン・サセルド大聖堂があり、その向かい側にモンテーニュの友人、ラ・ボエシの一六世紀のイタリア・ルネサンス様式の家があり一階は画廊になっている。

エティエンヌ・ド・ラ・ボエシという人については堀田善衛の『ミシェル　城館の人』を読

むまでは全く未知の人であった。

この旅行でサルラに来ることになって勉強する気になったにすぎない。

エティエンヌ・ド・ラ・ボエシは一五三〇年、このサルラに生まれた。モンテーニュの三歳上で、二人はボルドー高等法院時代に知り合って無二の親友になった。ボエシの父も法官貴族で母も法官の娘であったが、二人とも早く死に、孤児として叔父の手で育てられ、オルレアンの法科大学を出て民法学士として法官の道を歩んだ人である。ギリシャ語が堪能でブルタルコスの著作も翻訳している。彼はカトリック教徒で保守的な人であったといわれているが、彼を有名にしたのは、大学時代の卒業論文として書いたといわれている「自発的隷従を排す」荒木昭太郎訳（世界文学大系

ラ・ボエシの家

74『ルネサンス文学集』筑摩書房)。直訳は「意志の隷従」であった(『ミシェル 城館の人』三〇四〜三一〇頁)。この論文は、暴君打倒論、無政府主義論を展開したもので、モンテーニュもこの論文によって動かされたと紹介されている。この論文は二世紀後のフランス革命の遠い源泉の一つとして位置づけられているし、後世、シュティルナー、バクーニン、クロポトキンなどの無政府主義思想家にも影響を与えたと書かれている。

フランスではモンテーニュと共にボエシも評価が高いようでパリのシャンゼリゼ大通りのパリ八区のシャンゼリゼクレマンソー駅からアルママルソ駅にかけて「モンテーニュ大通り」があり、同じシャンゼリゼ大通りのフランクリンルーズベルト駅から一本凱旋門寄りには「ボエシ通り」(Rue La Boetie)とボエシの名前があることからも理解されよう。

サルラのフォアグラ

ボエシの家の前を少し行くとサルラの市役所があるリベルテ広場に出る。この広場ではこの町の名産のフォアグラやトリュフ、クルミなど売る朝市が開かれているが、今日、五月一日はメーデーの日だし、日曜日でもあるのでそれらしいものはなかった。この広場からもう少し西に行くと、左手に旧サント・マリー教会が見えるが、ここは現在では市場になっており、チーズや野菜、フォアグラなどを売っている。

この市場の先にガチョウ広場があり三羽のガチョウの銅像が迎えてくれる。

これまで、フォアグラは結婚式などの料理以外日常的に食べたことがないので、それ程関心はなかった。しかし、サルラの町はどこに行ってもフォアグラだらけでフォアグラの缶詰が売られている。

フォアグラはガチョウや鴨の脂がのった肥えた肝臓のことであるが、フォアグラ農家が多く、ペリゴールやミディ・ピレネーにはフォアグラ農家が多く、バスで移動している時も窓外にガチョウを飼育している様子が目に付くことが多い。

ガチョウなどののどの奥に管を通してトウモロコシを無理矢理食べさせて肝臓を肥大させ（これをガヴァージュという）、脂がのったフォアグラを作るのだが、なんだかガチョウが気の毒な気がする。

小さな缶詰がちょっといいので一つ一二〇〇円く

フォアグラになるガチョウ

らいであった。ガチョウ広場からバックしてリベルテ広場からアンドレ・マルロー広場に入る。サルラになぜアンドレ・マルローが出てくるのかといえば、このサルラはアンドレ・マルローが文化相の時、フランス政府によって、指定修復都市として町そのものを一四〜一五世紀の町並みに再現し、新しい町として観光に役立てる事業を行ったのである。この広場からサン・サセルド大聖堂のところまで帰ってくるとミサの声と合唱が聞こえてきたので教会の中に入ってパイプオルガンや合唱をしばし椅子に座って聞いて休憩した。

その後教会の裏の回廊を見たり、その上の「死者の角灯」を見て、この町を囲っている城壁の見えるところまで出て、集合場所に帰って来た。

ドルドーニュ川観光

バスがどのような事情か約束の時間に来ない。約一時間遅れの午後一時サルラを出発。六、七キロ離れたドルドーニュ川にへばり付いた村、ロック・ガジャック村に向かう。

約三〇分で到着し、午後一時三〇分発の船に間に合った。船は乗合船であるが私達の二一人だけの船で約一時間岩壁に作られた横穴の家や建物、教会などを左右に見ながらのんびり楽しむ。川の水は美しく、川底が見える。

この地方はドルドーニュ川、ロット川、セレ川などの川筋に古い村々が点在し、切り立った断崖には中世の家々が姿を見せて、フランスではめずらしい光景を眺めることができる。

のんびり一時間の船旅を終えて、もと来た道を昨夜からの宿泊地ロカマドールに帰る。

ロカマドール

崖の町

ドルドーニュ川につながるアルズー渓谷(Canyon de L'Alzou)の向こうの切り立った絶壁にへばりついた中世の村、これがロカマドールである。

ドルドーニュ川の船旅

ロカマドール

岸に張り付くように民家や小さな商店、みやげもの店が細い通路の両側にならび、その上に壮大な教会と修道院、頂上には一四世紀の城壁が堂々と建っている。

まわりは山に囲まれ、水のないアルズー渓谷は木々の中に深く隠されている。村の入り口の一三世紀の「フィグユイエ（いちじく）の門」から振り返って見上げるとオスピタル村が見える。ここは現在も中世そのものである。

フランスでは近頃このロカマドールが観光地としてもモン・サン＝ミシェル同様に人気が出てきているようで、サルラ、ラスコーの洞窟、ドルドーニュ川やロット川の川下り、フランスの有名な巡礼の村コンクなどと結びつけて、新しい観光地として注目されているということである。

一二世紀の中頃の一一六六年、聖ベロニカの夫である初期キリスト教徒の聖アマドールの遺骸が発見され、それ以後多くの巡礼者がこの地を訪れるようになり、それと共に教会は崖の上へ上へと大きくなり、村は一大宗教都市として発展した。

私達のホテルは村の入り口の「フィグユイエ（いちじく）の門」のすぐ近くで、大きな岩山にぴったりへばりついて建っており、名前も「ドゥロック」(Du Roc) 岩山ホテルである。ロカマドール村の中では唯一のホテルで、上のオスピタル村には数軒ホテルがあるようだ。村の人口は一九九九年調査で六一四人にすぎない。

この崖の町は、頂上が城塞、中腹が聖堂や礼拝堂などの聖域、下は門前町と三つの層に分かれている。

門前町の風景

下の村の中央にある二一六段の巡礼者の階段が聖地へと導いてくれる。

昔の巡礼者は悔い改めるため、この二一六段の階段を、両ヒザだけで上ったと伝えられている。現在は有料のエレベータがあり、便利になっている。

この巡礼者の階段を上ると、サン・ソヴール・バジリカ大聖堂、ノートルダム礼拝堂、聖ミカエル礼拝堂が集まる聖域である。

このロカマドールを有名にしているのはノートルダム礼拝堂にある木製の黒聖母子像（一二世紀）で、この黒い聖母子像が多くの巡礼者をひきつけてきた。

次は聖ミカエル礼拝堂の北の壁八メートルの高さの所にある良質な一二世紀のロマネスク時代のフレスコ画の存在である。現在明確に見られる画面は、受胎告知と聖母マリアの従姉妹のエリザベスの聖母訪問の二つの場面である。色彩の豊かさと画題の劇的な物語性は、巡礼者に及ぼした効果は絶大なものであっただろうと、高く評価されている。一二世紀のフレスコ画としてはフランスで唯一の存在であり、建物の北壁と断崖の一部に描かれて、雨風から守られているとはいえ、外界から守られているわけではないのでよく残ったものだと感動してしまった。

もう一つは、ノートルダム礼拝堂につり下げられている鏡（九世紀）で、海難に遭った際、聖母マリアに加護を求め、ロカマドール巡礼を約束した時ひとりでにメロディを奏でたと語り継がれてきたもので、船乗りの信仰も集めてきたといわれている。

この崖の頂上の城壁はオスピタル村からも道路が通じており、下から登らなくてもバスで行くことができ、頂上から下へ下へと見て下りると楽である。オスピタル村はその名前のとおり、一三世紀に病気の巡礼者のための聖ヨハネ病院のまわりに開けた村でこの村からのロカマドールの眺めも又、すばらしいものであった。

又、一九二〇年には先史時代の鍾乳洞窟が発見され、予約をしておけば二万年前の鹿、馬、ハイエナなどの、ラスコーと同じような壁画を見ることができると聞いて入場しようと思ったのだが、時間がなく、残念ながら入場はあきらめた。

ロカマドール近辺の村々もフォアグラを製造しているようで、門前町でも売られていた。

コンクの町とロゼッタストーン

毎日いい天気が続く。旅は、天気によってその楽しみが増減するのは仕方ない。ロックホテルの朝食後、ホテルから道を下ってアルズー渓谷の谷まで行って、ロカマドールのなるべく全景を写真撮影しようと試みた。

木々に少々じゃまされたが、朝日に輝く断崖の城塞や礼拝堂などを撮影した。

いよいよ今日はあこがれていたコンクへ行く日である。コンクの前に少し寄り道をしてシャンポリオンの生まれた町フィジャックに寄ることにした。

五月二日（月）午前八時四五分、ロカマドールを出発し、フィジャックに向かう。約一時間のバス旅行で、午前九時四五分、町の駐車場に到着した。この町はロゼッタストーンを解読したジャン＝フランソワ・シャンポリオンの故郷である。彼は一七九〇年この町の本屋を営む両親の元で生まれ、一〇カ国語以上を理解した語学の天才であった。

町は昨日の日曜日とメーデーの影響か雑然としており、エクリチュール（文字柱）広場を人に尋ねながら探して歩いた。小さな広場であったが三カ国語のロゼッタストーンが拡大複製されたのがそこにあり、階段を上って上からその複製を写真におさめた。

シャンポリオンとヒエログリフ解読

この広場の一隅にシャンポリオン博物館（シャンポリオンの生家）がある。月曜日のため休館で入場できなかったが、ここにはエジプトの遺物のコレクションやヒエログリフ解読が展示されている。

ロゼッタストーンは現在、大英博物館にあるが、これを解読したシャンポリオンの故郷に来ることができてうれしい気持ちだった。

彼は一八三二年四一歳でパリで死亡したが、この人の伝記『ロゼッタストーン解読』（新潮文庫）を読んでいたので一層親しみを感じた。

ヒエログリフ解読の歴史は『ロゼッタストーン解読』に詳しく記述されているが、この本の訳者木原武一さんのあとがきにもとづき簡単にまとめておくことにする。

ロゼッタストーンは一七九九年七月一九日ナポレオンのエジプト遠征中、ナイル川河口のロゼッタで発見された。ロゼッタストーンは、片面に碑文のある暗緑色の石板で高さ約一・二メートル、重さ四分の三トンもある大きな石であった。この石には三種類の異なった文字が刻み込まれていた。上段にヒエログリフ、中段にのちにデモティクと呼ばれることになる文字、下段にはギリシア文字で、同一の内容が三種類の文字で表記されたものと推定され、ヒエログリフ解読の有力な手がかりになると期待された。

シャンポリオンが生まれたのが一七九〇年、フランス革命の翌年で、ロゼッタストーンが発見されたときはまだ一〇歳にすぎなかった。そして、これを解読したのが一八二二年、彼が三一歳の時であったから、発見から解読まで二三年間の時間が必要であった。シャンポリオンがこの世を去ったのが一八三二年、七月革命の二年後で四一歳の時で、まさに激動の時代の短い生涯であったといえる。

ヒエログリフは聖刻文字又は神聖文字とも呼ばれる古代エジプトの絵文字である。この絵文字は、紀元前三千年以上も前から紀元四世紀のはじめまで使われていたといわれている。しかし、エジプト人がギリシア文字を使うようになると、ヒエログリフは忘れられ、解読できる者もいなくなってしまった。

シャンポリオンが解読したヒエログリフの文字体系は、主に三種類の文字から成る。象形文字、表意文字、表音文字であり、他に決定詞（無音、意味のみの文字）のように特定の方法で使われる文字もある。

このようにヒエログリフはある一つの文字がいくつかの機能を持ちうる複雑な文字だということである。

この解読で古代エジプトの歴史や文化、社会構造が明らかにされたという意味で古代エジプトについての正しい知識はシャンポリオンからはじまるということができる。

一〇時三〇分　フィジャックを出発してコンクへ向かった。フィジャックの町はロット川の支流のセレ川が流れている。町の南端のセレ川沿い、シャンポリオンを記念するオベリスクが建てられているが、バスを降りて見ることはできなかった。

コンク　サント・フォワ教会

コンクの村にある、サント・フォワ教会に一度は訪問したいと長い間あこがれていた。饗庭孝男『ヨーロッパ古寺巡礼』（新潮社）や黒江光彦『フランス中世美術の旅』（新潮選書）、その他ロマネスク教会関係の本を何回も読んでコンクについては十分に知識は深めてきていたが、なかなか行く機会にめぐまれなかった。

コンクの村はサンチャゴ・デ・コンポステーラへの巡礼路上の四つの道の一つで、ル・ピュイからクレルモン・フェランにも立ち寄ったことがあったがなかなかコンクまでは足が延びなかった。やっと、今回の旅でコンクを訪れることになったのである。フィジャックを一〇時三〇分に出発して、昼の一二時すぎコンクのサント・フォワ教会の少し上の村の入り口に到着した。

やっと、コンクにやってきたという感慨でいっぱいだった。

コンクのサント・フォワ教会といえば教会の西正面扉上のタンパンの「最後の審判」の彫刻と宝物館の聖女フォワの遺骨を納めた黄金の聖女像の二つが特に有名であり、中世以来こんな山里にもかかわらず多くの巡礼者を集めてきたのである。

私達もまず、この西正門の前に立ち、しげしげと最後の審判の彫刻（一一三〇年頃）を見上げ、写真をパチパチと撮った。

中央のキリスト像には制作当初からの青い彩色が腹から足元にかけてうっすらと残っている。正面から見て、左手に天国が右手に地獄の光景が刻まれている。『ヨーロッパの美術を読む旅〈新約聖書編〉』柳澤保雄（トラベルジャーナル）の一六八〜一六九頁にかけて、このタンパン彫刻の一つ一つの彫刻に名前や内容の説明がされている。

天国の左手下方の屋根の上のところには聖女フォワと神の手が彫り込まれており、なかなか

コンクの村

興味深い。一つ一つの彫刻を見ると右手の地獄の方が面白そうである。

コンクの村散策

私達は教会横、宝物館の前の広場で持ち寄ったおにぎりなどの昼食をし、午後二時一五分まで自由行動だったので乙藤さんと篠崎さんの三人で村の散策に出かけた。村の家々はうろこ状のスレート屋根で統一されており、教会と調和がとれた絵になる風景である。

教会の正門から少し石畳の道を下って振り返ると家々と教会が青空のもとに美しい姿をうつしている。

道を歩いている人は誰もいない。静かなものである。五月連休なので観光客も多いかと思っていたが巡礼者以外、観光客らしい人に会わない。人口三〇〇人の村だから、夜などはどんな感じかと心配してしまうほどである。

一軒の傘屋があり、村の雰囲気と違った明るい色彩の手作りの傘と水彩画の店があったので入ってみた。少々値段は高かったが四〇ユーロの折りたたみ傘を一つと水彩画を買った。

バラの花やアイリスの花がどこにでも咲いており、くすんだ色彩の村を飾っているようである。村の細い小道をブラブラ歩く。中世の時代とそれ程変わらないと思われる。

二時一五分、宝物館に集合してサント・フォワの黄金の座像を見る。聖女フォワといっても黄金や宝石できらめいていて、どうもロマネスクのタンパン彫刻とは差がありすぎるように思った。

宝物館を出て、コンクともお別れと駐車場に向け歩いていると一人の巡礼の男性がにこにこして

ル・ピュイからきた巡礼者

教会の方に歩いてくるのに出会った。

どこから来たのかと聞くと、ル・ピュイから歩いて来たということらしく、やっとコンクに着いたという安心感がその人の顔に表れていた。

ピレネー讃歌

二〇一五年七月一六日から二六日までの一一日間、フランスとスペインの国境の山、ピレネー山脈を旅してきた。

ピレネー山脈は、地中海側から大西洋側にかけて横たわる約四〇〇キロの山脈である。フランスとスペイン側にまたがっていることもあり、ピレネー山脈とその山麓の村々には独自の歴史と文化が存在する。

ピレネーの山々の美しさ、山道に咲く高山植物の多種類の美しさも魅力の一つを構成している。又、この山の中にはアンドラ公国と呼ばれる小さな独立国も存在している。

二〇一五年の夏は、この一〇年間共に旅してきた九州の仲間や私の弟の楊枝嗣朗の友人や先輩、大学の先生などを中心に二四名で出発することになった。

大阪からは、同じ事務所の谷智恵子弁護士が同行してくれた。

カルカソンヌ城にて

二〇一五年七月一六日（木）の出発日には日本では台風が近づいていていて、天候はよくない。近畿地方には夜中に台風が通過の可能性ありと天気予報があり、ぎりぎりの出発であった。

添乗員は、東京から来た茨城県水戸出身の増田美香さんで、なかなかてきぱきよく働いてくれそうである。

カルカソンヌのホテルは、ナルボンヌ門から二分程度で、大変便利な場所である。ホテルの名前は「アラゴン」。

早く起きたので、朝食までナルボンヌ門を中心に城壁を散歩してこようと思い、ホテルから城壁に向かう。弟の嗣朗と中島先生がすでに、土手の

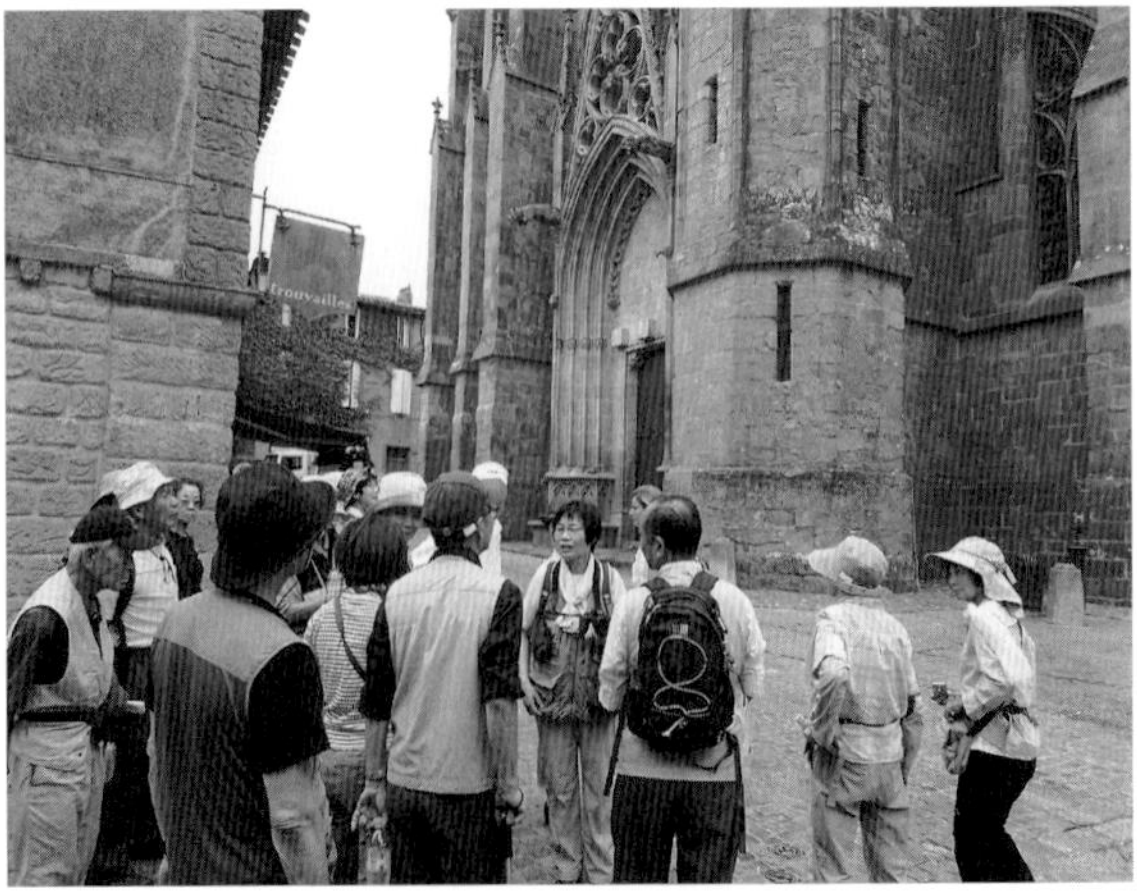
カルカソンヌ城を散策

上をのんびり歩いているのに出会った。カルカソンヌ城壁にそってゆっくり散策した。すがすがしい気持ちを十分味わった。現在、フランスの観光地で一番人気はモンサンミッシェル。第二番目が、このカルカソンヌ城である。そう思えばここは僕にとって三回目ではあるが、いい所に又来られたなと感慨深いものがある。カルカソンヌについては、有名な観光地であり案内書も詳しく書かれたものが多い。

七時朝食、果物を中心としたいい朝食だった。部屋からも、城の外壁がよく見える。午前九時、ホテルから歩いてカルカソンヌの観光に出かける。ナルボンヌ門への跳ね橋の手前まで来ると、右手の石柱に女性の大きな顔の彫刻が私達を見おろしている。石柱には、「わたしはカルカス」と刻まれている。

このカルカスという女性は、サラセン王モバウークの妃で、カルカソンヌという町の名前も、この女性カルカスにちなんでつけられたといわれている。

まず跳ね橋を渡って城壁の中に入る。橋を渡ると、二重の城壁の間にあるリスと呼ばれる、開けた場所に出る。正面にはナルボンヌ門が見える。門の上を見ると高く狭いアーケードの上の聖マリアの石像がそこを通る人を見おろしていた。ナルボンヌ門をくぐると石畳クロメルヴィエイユ通りに出る。狭い上り坂の道で両側に土産物屋やお菓子の店舗などが並んでいる。

クロメルヴィエイユ通りと城が接する場所に出ると、中央に一九世紀の歴史学者ジャン・ピエール・クロメルヴィエイユの胸像が立っている。三方にはクレープの店やレストランなどが並んで、観光客もぼちぼち増えてきた。さらに歩いて大きな半円方の壁に向かった。コンタル城の壁にぶつかる。固く閉ざされた門の奥に見張りの塔が見えた。トランカヴェル家の居城である。開門は午前一〇時すぎということで、入場することはできなかった。次にサン・ナゼール教会のステンドグラスを見学に行った。

レンヌ・ル・シャトー村へ

ミディ運河

午前一〇時、カルカソンヌのホテルを出発して、四五キロ先のレンヌ・ル・シャトー村に向かう。カルカソンヌ村の郊外にあるミディ運河を見てみたいとの希望があり、運転手のフランクさんに立ち寄りを依頼する。

ミディ運河は二四〇キロの長さを持つ運河で一九九六年世界遺産に登録された。ガロンヌ川沿いのトウルーズと地中海の港セトの西にあるトー湖の間を結んでいる。運河は階段状で機械で上下して船を運航させている。運河も船も美しい眺めであった。

レンヌ・ル・シャトー外観

これからレンヌ・ル・シャトー村に再出発することになるのだが、その前にこの村の謎について少々解説しておきたいと思う。

レンヌ・ル・シャトー村の謎

『ダヴィンチ・コード』ダン・ブラウン（越前敏弥訳、角川書店）を読み直していて、この小説の種本が『レンヌ＝ル＝シャトーの謎―イエスの血脈と聖杯伝説』（林和彦訳、柏書房一九九七）であることがわかった。

『ダヴィンチ・コード』は映画でも有名になったが、内容を要約すると、レオナルド・ダ・ヴィンチの「最後の晩餐」の中では一三人の男性が描かれているといわれてきた。しかし修復後の絵を見ると、そこに一人の女性が描かれていることがわかる。もともとヨハネといわれていたが、この女性はマグダラのマリアであり、キリストの妻であって、この二人の間には子供がおり、このことは秘密にされてきた。この小説の出だしはルーブル美術館の中でルーブルの館長が殺害されることから始まり、その孫娘が登場して犯人捜しに活躍するのだが、この孫娘がイエス・キリストの子孫だという筋書きである。

ダン・ブラウンは何を根拠にして小説を書いたかといえば、『レンヌ・ル・シャトーの謎』を参考にして、この小説を書いたのは明らかである。新しい視点として、ダヴィンチの「最後の晩餐」の絵画を謎の解明の一つの根拠として使っているところが趣味深いところだといわれている。『レンヌ・ル・シャトーの謎』でも、ニコラ・プッサン「アルカディアの羊飼たち」（ルーブル美術館）が重要な役割を担っているのが、美術と歴史の結合として興味深い。

レンヌ・ル・シャトー村とはどこにあるのか。ここはカルカソンヌからピレネー山麓にむかう途中の小さな村で、モンセギュールに行く道筋にある。『レンヌ・ル・シャトーの謎』や『ダヴィンチ・コード』が出版された後は、沢山の観光客が世界から来るようになった。

レンヌ・ル・シャトー村

この村はピレネー山麓のランドック地方の小さな村ではあるが、一三世紀前の西ゴート時代では、この地方の中心地であった。

西ゴート族は、キリストの神格を否定するアーリア人の異教を信じていた。

その子孫がメロヴィング朝を建て、ダゴベルト二世の死亡までガリアを支配していた。一〇五九年、マグダラのマリアに献堂されたこの村の教会は、六世紀の西ゴート風の遺跡の上に建てられていた。

マグラダのマリアは、伝説によればイエスと結婚し、イエスの子を産んだ女性であるといわれている。彼女はイエスの処刑、埋葬、復活に立ち会い、その後アリマタヤのヨセフとともに最初の布教者となって、南フランスに渡った。その後ヨセフは聖杯を持ってイングランドに旅立ち、マグダラのマリアは三〇年間南フランスのレンヌ・ル・シャトーに隠棲し、この間イエスの子供を産んで、ここで没したといわれている。

このレンヌ・ル・シャトーの地で、イエスの血は子孫に受け継がれ、六六〇年余を経てメロヴィング王朝の下、ダゴベルト二世の血筋へと流れ込んだ。これらが『ダヴィンチ・コード』や、『レンヌ・ル・シャトーの謎』の主題なのである。

昔、アルルからも近いカマルグ地方サントマリード・ラ・メール教会を訪れて、「黒い聖母」を見たことがある。この教会でも紀元後四〇年頃ここに上陸したのは、マグダラのマリア、黒人のサラらと説明を受けた。黒い聖母はジプシーの守護聖人で、毎年ここに沢山のジプシーが集まって、黒い聖母像を先頭に盛大な祭り開いている。

ここからマグダラのマリアはレンヌ・ル・シャトーに来たと思われる。一方この地は、のちのカタリ派の中心地の一つで、カタリ派がモンセギュールで全滅させられる以前に既に占領されていたが、カタリ派の財宝がこの村に隠されていたという伝説も語り継がれていた。又、この地はサンチャゴへの巡礼の道筋になっており、中世は盛えていた。

レンヌ・ル・シャトーの財宝の謎について

一八八五（明治一八）年六月一日、この村にベランジェ・ソニエールという三三歳の司祭が新しい教区司祭としてやってきた。当時レンヌ・ル・シャトー村は人口二〇〇人、カルカソンヌから約二五マイルの地で、一九世紀のその頃は村も教会も荒れ果てていた。

一八九一年、ソニエールは一〇五九年にマグダラのマリアに献堂された教会の修復に取りかかった。

その時、古風な西ゴート風の二本の柱の、柱の上の祭石を移動すると、空洞の一本の柱から木製の円筒に封印された四枚の羊皮紙を見つけた。これらの羊皮紙には暗号で書かれていたが、この暗号を解読すると次のような文になる。

「ダゴベルト二世王とシオンにこの財宝は属し、彼はそこで死んだ」と。司祭のソニエールはこれをカルカソンヌの司教に見せ、これをパリの教会の権威筋にも見せにパリに出かけた。

その後村に帰ったソニエールは教会の修復も終え、マグダラ塔を建てたり、村の水道、道路など公共事業にも多額の金を使うようになった。一九一七年に六五歳で死去するまでに、控えめに見て、数百万ポンドの金を使ったと計算されている。

遺産は女中のマリーがすべて相続したが、この人も一九五三年突然の卒中で死亡。どちらも金の出所を秘密にしたまま死亡したので、ソニエールは財宝を発見してこれを使用していたのだと人々は考えた。これがレンヌ・ル・シャトーの財宝伝説であり、今日まで騒ぎは続いている。

西ゴート帝国の財宝、カタリ派やテンプル騎士団の財宝、ダゴベルト二世の財宝、もっと昔ではエルサレム神殿の伝説的な財宝等々が隠されていたという、様々な説が主張されている。

一九七二年二月「エルサレムの失われた財宝か」ＢＢＣ放映
一九七九年　「テンプル騎士団の影」　ＢＢＣ放映

などの放映でレンヌ・ル・シャトーは有名になり、『レンヌ・ル・シャトーの謎』が出版された一九八二年の夏には、この小村は一万人を超える観光客であふれかえり、英語版からフランス語版が出版された後は、この倍の人がやってきた。

レンヌ・ル・シャトー村にて

レンヌ・ル・シャトー村は、小高い山の山頂にある村である。この村には一一時四〇分頃到着した。この村から前方を眺めると、遙か下にランドック地方の村々や原野が小さく広がっているのがわかる。村の中では、人の姿は観光客以外は、見当たらない。静かなしんとした村である。

教会の中に入るが、小さな村の小さな教会といった感じで特別なものは見当たらない。村の端に大きなマグダラの塔があり、ソニエール神父の墓がその庭にある。ただこの小さな村が、かつてはこの地方の中心地であったといわれてもすぐには納得しがたいものがあった。

しかしマグダラのマリアが南フランスからこの地に来てイエスの子供を産んで三〇年間ここで生活し、没したという伝説は、なかなか興味深いものがある。現在何もない村の歴史の中にも色々な事実が隠されているのも面白い。

モンセギュール　カタリ派最後の地へ

モンセギュール及びカタリ派とは何か

モンセギュールとは、カタリ派最後の城塞のことである。ピレネー山麓のモンセギュールの城塞は、石灰岩の岩塊で、長さは約一〇〇メートル、幅は狭い所で三〇メートル、広い所で五〇メートルもある。岩塊の頂上は東に向かって狭く、傾斜した台地で、台地そのものの周りは垂直の絶壁になっている。高さは一二〇七メートルあり、この岩上に立てこもって最後の抵抗をしたカタリ派の信徒は約四〇〇～五〇〇名で、一二四四年三月一六日に全滅したといわれている。

カタリ派といわれた人々は、当時の南フランスの王侯貴族をはじめ商工業者を中心とした金持階級が多く財政力も豊かであった。この人々の領土と金を狙ったのはフランス国王であり、異端排除を目的とするローマカトリックと連合戦線を組ん

モンセギュールへの道

でカタリ派を弾圧したと考えられている。

カタリ派の弾圧や、ローマカトリックの腐敗を知る為にはどんな本がよいか

まず、一番読みやすい小説は帚木蓬生の『聖灰の暗号』（上・下、新潮文庫）であろう。推理小説風でなかなか面白い。ローマカトリックの弾圧にあって火炙りにされたカタリ派の人々は、偶像崇拝を拒み清貧を旨とし、信仰に篤かった人々として描かれ、日本の江戸期の隠れキリシタンとの比較もなされている。

次は、堀田善衛の『路上の人』（新潮文庫）である。中世のヨーロッパを舞台とする文明評論的な小説であるが、後半部分は、カタリ派への弾圧の実態や、モンセギュールでのカタリ派の最後がよく描かれている。

カタリ派そのものの研究解説としては、『異端カタリ派』（フェルナン・ニール著、渡邊昌美訳、白水社）がよく読まれている。

モンセギュールの城塞へ

レンヌ・ル・シャトー村を昼過ぎに出発して、すぐ昼食を食べてモンセギュールの頂上に登ることになった。登山道の出発点には、記念の碑が建っており、ここからゆっくり登って約四

モンセギュール城塞

〇分程の距離である。ゆったりとした坂道には小さな紫色のイトシャジンの花が沢山咲いている。頂上には、大きな城塞の跡が残っており、一体こんな岩の頂上にどんな方法で巨大な城が建設されたのか。城塞は南北の長さが一〇〇メートルもあり、幅も三〇メートル、高さは一五〜二〇メートルである。この頂上からのピレネーの景色は素晴らしい。ゆっくり城の中を廻って当時を思い描いた。

このモンセギュールにも財宝伝説が語りつがれている。一二四四年三月、モンセギュールの最後が近づいた頃、数名のカタリ派の中心人物にカタリ派の財宝を持たせて逃亡させたという伝説である。一体どこに隠したのか。このカタリ派の財宝伝説と、既に訪れたレンヌ・ル・シャトー村の財宝伝説が結びつけられ、宝探しが現在も続いているということである。カタリ派の悲劇的な最後にも、宝探しの夢が語られて、気分的にほっとする思いである。

十分に写真なども撮って、山を下りることにした。もう夕方の五時三〇分になっており、急いで今夜の宿泊地であるモリ・レバンのグランドホテルに向かった。

モリ・レバンからモン・ルイへ

モリ・レバンにて

モンセギュールの山を降りてホテルに出発する。今夜の宿泊地モリ・レバンのグランド・ホテルに到着する。ホテルは道路を下って谷間にある自然の中の立派な建物で、ここに二泊することになっている。午後六時三〇分にホテルに到着するとすぐに、パブロ・カザルスの「鳥の歌」のメロディーが鐘の音と共に流れてくる。スペインの有名なパブロ・カザルスは、スペイン内戦中、フランコ政権に抗議して、この近くのプラドの村に戦前・戦後、亡命していた。このホテルにも再々食事に来ていたということである。私の部屋は、五階の明るく広い部屋で、満足だった。夕食は、ビフテキがメインで午後一〇時過ぎまで食事をして、みんなでしゃべっていた。

黄色のローカル列車でモン・ルイへ

朝六時に起きて、まず風呂に入る。八時一〇分、ホテルからヴェルネ・レ・バン駅に行く。この駅から、黄色のローカル列車に乗る。駅に向かうバスの窓から外を眺めると、道路のあちこちにプラド音楽祭のポスターが貼られているのが見える。パブロ・カザルスのもとに集った音楽家達が始め、毎年行われてるプラド音楽祭の宣伝である。

ヴェルネ・レ・バン八時五五分発の列車（プチ・トラン・ジョーヌ）に乗車する。この黄色の小型列車は、観光客に人気があり満員である。学生も沢山乗っていて途中ハイキングコースでもあるのか少しずつ下車していく。モン・ルイ駅には、一〇時二五分に到着した。モン・ルイの町

黄色のローカル列車

は、こちらでは有名な要塞建築家ヴォーバンによって造られた世界遺産の町である。世界遺産の町だということで徒歩で町の中をゆっくり歩いてまわることにした。

ヴィルフランシュ・ド・コンフランに

モン・ルイから朝、黄色の列車で来た道を今度は、バスでバックしてヴィルフランシュ・ド・コンフランの町に向かった。フランスでは「フランスの美しい町」と名付けて地方の小さな町や村の宣伝をしている。この町も、その美しい町の一つである。途中、バスを降りて、ジェスクウラ橋という名の空中橋の写真を撮る。この橋から列車が転落したという事故があり、新しく建設されたという話である。

一二時三〇分、ヴィルフランシュ・ド・コンフランに到着する。この町は、クレープ屋が大変有名で、ここで昼食なのであるが、小さな店は観光客で満員である。長い時間待たされて、卵とハム、チーズのそば粉のクレープ「ガレット」が出てきた。デザートもついているのだがなかなか出てこないので、デザートはキャンセルして、隣の店のアイスクリームを食べた。

昼食後、ざっと町を見学した、この町もフランスの美しい町に選定されているが、あとの予定がつまっており、バタバタと見学をすませてバスに乗った。

サン・マルタン・デュ・カニグー修道院へ

ヴィルフランシュ・ド・コンフランの町から一〇キロ先にカステイユの町があり、この町から徒歩一時間位、山道を登るとサン・マルタン・デュ・カニグー修道院がある。この修道院の見学が今日のメインである。ここから、一時間登るのは少々しんどいなと思っていたところ、ジープがあることがわかった。運賃を聞いてもらうと、往復一五ユーロで修道院まで行ってくれるという。僕と岡本先生らで、ジープで一足先に修道院を目指した。他の人達は、約一時間の山道のハイキングで修道院まで登ってくる。ジープに乗っていても、なかなかの急坂の道で歩くのはしんどそうだ。

修道院に到着して、ここから少し小高い展望台

サン・マルタン・デュ・カニグー修道院全景

まで歩いて修道院の全景写真を撮影する。写真を見ても断崖絶壁の上に建っているのがわかり、すごいなぁと思う。この修道院は、入場が予約制になっていて修道僧の案内で内部を見ることになっている。午後四時の予約なので、徒歩組の到着を待つことにする。雨がポツポツ降ってきた。

サン・マルタン・デュ・カニグーの残念な思い出

今からちょうど一〇年前、月日もほぼ同じ二〇〇五年七月一九日、標高六〇〇メートルのヴェルネ・レ・バン村から登山ジープに乗ってカニグー山（二七八四メートル）の登山に出かけた事があった。ジープは山小屋（二一五〇メートル）まで行ってくれるが、このジープの荒っぽい運転でみんなフラフラになった。

山小屋から二時間四〇分かけて山頂に到着した。晴天の日は、地中海が見えると聞いてきたが、この日はくもり空で展望はよくなかった。カニグー山は、奇妙な名前の山で「犬の歯」という意味らしい。

この日、下山途中にサン・マルタン・デュ・カニグー修道院に寄る予定であった。しかし山でゆっくりした上に下山のスピードものろのろで、修道院が閉まる時間が過ぎてしまい寄ることが不可能ということになってしまった。何としても、再度訪れたいと願ってきたが、結局一〇年の年月が過ぎてようやく、今回の訪問になってしまった。この登山については、私の『弁護士の散歩道Ⅳ　山と花ちょっと寄り道』に詳しく書いているので、興味のある人は、読んでほしいと思う。

サン・マルタン・デュ・カニグー修道院について

今回は再度のサン・マルタン・デュ・カニグーである。この修道院は一〇九二メートルの地点にあり、写真でもわかるように絶壁の上に建てられている。

建築の時期は、一〇〇五年でセルダーニュ・コンフラン伯のオリバーカフレタによって設立されたと言われている。写真でも分かるように、ゴツゴツした岩の崖を背景にしてカタルーニア風の塔

サン・マルタン・デュ・カニグー修道院にて司祭の説明を聞く

が見える。右側には、修道院付属教会の後陣が四つの祭室が見える。ピレネー山中のロマネスク教会としては最も有名なものの一つである。

ただ、この修道院も一七八六年以後収奪と自然破壊も加わって見えるかげもなくなってしまった。一九〇二年になってようやく、ピレネー山脈のフランス側・スペイン側から二〇〇〇人もの人達が集まって復元を志し、一九五二年ようやくほぼ復元が完成したといわれている。

（『ヨーロッパの古寺巡礼』饗庭孝男　新潮社）

教会内には三重の身廊があり、さながら木造小屋の雰囲気を持っていると書かれている。回廊の柱頭彫刻は羊や獅子や人間のユーモラスな顔もあり、ほとんど世俗的なもので、親しみのわくものが多い。

午後四時になったので、入口に集まって修道僧の説明を聞き、その後教会の内部をゆっくりと見学して歩いた。山岳信仰にふさわしい、素朴な雰囲気が自然と伝わってきてロマネスク教会の良さを十分に味わうことができた。

帰りは、私も徒歩で山を下りた。一七時二〇分下山をはじめ一八時バスに乗ってすぐモリ・レ・バンのホテルに向けて出発した。

サン・ミシェル・ド・キュクサ修道院にて

七月一九日日曜日、モリ・レ・バンのグランドホテルをカザルスの『鳥の歌』に送られて九時すぎに出発する。このホテルは、雰囲気もよく建物が立派でまわりの環境もよく、いいホテルだった。

パブロ・カザルスの音楽祭のポスターを見ながら、一〇時少し前にキュクサ修道院に到着する。到着したのはいいが閉まっていて入れない。日曜日で一〇時三〇分からミサがあるらしく、それまでは閉館のようだ。バスの運転手のフランクさんが修道院の裏手の方の事務所に行き、案内料を出すからと交渉してくれて、ガイド付きで修道院の見学ができるようになりほっとした。

入り口を入ってすぐの部屋には、教会の全体を示す模型があり、それにもとづいてこの教会の歴史や規模などが説明された。中庭に出ると前方に大きな塔が見え回廊や建物の全景が目に

サン・ミシェル・ド・キュクサ修道院全景

入ってくる。この教会の歴史層は主として一〇世紀（教会）、一一世紀（地下墳墓と鐘楼）、一二世紀（回廊）の三つの層から成り立っている。

まず回廊を見て歩く。一一四〇年から一一五〇年にかけて造られたというが、現在のものは一九五〇年から一九五三年の復元である。

一八世紀のフランス革命時に教会は売りに出され、多くの柱頭が散逸してしまった。特に一九〇七年アメリカの彫刻家ジョージ・グレイ・バーナートが売りに出された柱頭を買い入れアメリカに持ち帰った。一九二六年ニューヨークのメトロポリタン美術館がそれを買いとり、一九三六年ハドソン川の公園内の回廊美術館に柱頭を復元した。主な柱頭は、アメリカで見ることができる。

フランス側でも、一九五二年新たに作りなおしたものを加えてこの教会に復元したのである。この柱頭彫刻は植物文様と動物文様があり、特に動物文様は面白い。鷲、猿など中近東やアジア的な動物が多様なバリエーションを持ちながら柱頭を飾っている。(『ヨーロッパ古寺巡礼』饗庭孝男参照)

地下墳墓に案内してもらったが、大きな一本の柱に支えられた空間である。「棕櫚《しゅろ》の木」と呼ばれるように中央から四方に枝を広げた形であまり見かけない石組である。「秣《かいば》おけの聖女の地下墳墓」と名付けられているらしいが魅力的な空間である。

この教会の馬蹄型アーチをめぐって西ゴートオリエントカタルーニャ的前ロマネスクアーチ等の影響が論議されている。このことは、この地方の

サン・ミシェル・ド・キュクサ修道院内部

文化形成の複雑さを反映し、それが一〇世紀のサン・ミシェル・ド・キュクサ修道院の独自な性格を明らかにしている。

教会を出て、アンドラに向かう頃、日曜日のミサに参加する人達が次々に訪れてきた。

一一時前、この教会を出発する。一二時近くにセグレ川の流れるサイヤグウズラ村で車を降りてコーヒータイムとトイレ休憩。ちょうど日曜市場で果物やチーズ、サラミなど屋台で売っていて、見て歩くのも楽しかった。

サンクトペテルブルクと世界遺産キジ島（カレリア共和国）の旅の思い出

二〇一六年六月二一日から二七日まで七日間、ロシアのサンクトペテルブルクを中心とする旅に出かけた。メンバーは大学の先生の中島将隆さん、弁護士の鈴木康隆さん夫婦、弁護士の井関和彦さん、井上啓さん、蒲田豊彦さん、谷智恵子さんら弁護士仲間と、京都の本坊芳子さん、鈴木弁護士と同じ事務所の事務員の林美寿子さん、ピアニストの森実安規子さん、井関さんの娘さんの平松鈴子さん、九州の乙藤恭子さん、中島信代さん、中島知美さん、あと日本在住のロシア人ローラさんの合計一七名であった。

サンクトペテルブルクの町は、ヨーロッパでも美しい街の一つと称賛される「帝都ロシア」の首都である。サンクトペテルブルクと聞くと、学生時代に読んだロシア文学を思い浮かべる人も多いと思う。ドストエフスキーの『罪と罰』やプーシキンの『青銅の騎士』『スペードの女王』、ゴーゴリの『狂人日記』『鼻』など次々と名前が出てくる。最近ではドストエフスキー関連の場所を廻るツアーも盛んなようだ。

また、絵画などはエルミタージュ美術館、ロシア美術館もゆっくり見学した。

サンクトペテルブルクは少し前まではレニングラードと呼ばれていたことはご存知のとおりである。第二次大戦中ドイツに攻撃されたが八〇〇日近くもレニングラードの市民が町を守りぬき、撃退させた話は有名で、現在でも年配の人達は自分達の住んでいる街をサンクトペテルブルクと言わないで「レニングラード」と言い続けているとガイドの説明を受けた。なかなかいい話であった。

この旅で思い出深かったこと

①サンクトペテルブルクはネヴァ川を中心にして八方に運河が走っており、水の都としての印象が強い。この運河を船でまわるのも楽しかった。プーチンの生まれ故郷ということもあってか、駅も道路もすべてがよく掃除がゆきとどいており、清潔な街という印象が強かった。

②六月二二日（水）、到着の次の日は、市内観光でペトロパヴロフスク要塞、血の上の救世

主教会、聖イサアク大聖堂などをまわり、午後はエルミタージュ美術館を見学した。

六月二三日はペトロドヴァレッツの夏の庭園を水中翼船で訪れ、午後から「琥珀の間」で有名なエカテリーナ宮殿を観光した。夜はミハイロフスキー劇場でバレエ「眠れる森の美女」を鑑賞した。これはみんなお洒落をして出かけたし、本場のバレエを見れて満足だった。

③今回の旅は森と湖の国カレリア共和国のオネガ湖に浮かぶキジ島を訪問するのがメインの一つであった。カレリア共和国はフィンランドの隣でサンクトペテルブルクから四一五キロ離れている。行きはバスで帰りは鉄道を利用したが、片道約五時間のコースである。

オネガ湖のキジ島は最近、世界的に有名に

サンクトペテルブルク　運河を船でまわる

なり、訪れる人も多くなった。その理由は島そのものが「歴史建築民族博物館」になっており、世界遺産のロシアの木造建築物が展示されている。写真を見ていただくとよくわかってもらえるが、ここは旅の仲間にも人気があり、十分満足することができた。

以上、写真を見てもらうために書いたので不十分であるが、なかなかいいところだったので、ぜひ訪れていただきたいと思う。

（巻頭カラーグラビア参照）

キジ島の世界遺産　木造の建築物

思い出のヨーロッパアルプス一〇日間

二〇一七年八月二日から八月一一日まで一〇日間、スイスのアルプスのマッターホルンを中心とする山々のハイキングに出かけた。メンバーは中島将隆さん、趙展さん、清水恵美梨さん、同じ事務所の弁護士の谷智恵子さん、九州からは乙藤恭子さん、村川可喜代さん、木原玲子さん、中島信代さん、中島久美さん、大塚隆之さん、大塚香さんらであった。添乗員は白鳥弘之さんの合計一三名であった。

この旅行の途中から、私自身心臓の病気になり、皆様に大変お世話になったので、同行のメンバーには、心から感謝するとともにお礼を申し上げたい。

さて、二〇一八年一月には私も八〇歳になり、弁護士生活も五〇年を超えたので元気な間にもう一度ヨーロッパアルプスに行きたいと思い、この計画をした。

もう四〇〇〇メートルの山に登るのは不可能であるが、四〇〇〇メートル級の山々を眺め、その足元に咲く美しい高山植物を見ることはまだまだ可能である。

（巻頭カラーグラビア参照）

ミラノからマッジョーレ湖、アラーニャ村

この度もイタリアのミラノから入国し、直接マッジョーレ湖まで行き、ここで一泊してイタリア側のアラーニャの村を訪れた。

この村はスイスの人達の移民でできた村で、モンテローザの裏側にある村である。ロープウエイもあり、又、ハイキングでパストレー小屋まで登ることにしたので、足ならしにみんなで小屋までゆっくり歩いて往復した。ただ天気が悪かったのでモンテローザを見ることができなかったのは残念であった。

この村はなかなか雰囲気のあるイタリア側スイスの静かな村で、木造のホテルも大変よかった。

シンプロン峠からサースフェー村へ

サースフェー　ミッテルアラリンスキー場にて

八月四日（金）、アラーニャの村を出発して、スイスのサースフェー村（一七九八メートル）に向かった。一一時前に国境のシンプロン峠（二〇〇五メートル）に到着した。ここは美しい峠で天気もよく、すばらしい景色に満足した。

一二時三〇分、サースフェーの村に到着した。早速、今日のハイキングに出発することになった。サースフェーの村から一度サースグルントの村に下って、サースアルマゲルのアラリン氷河の見えるマットマーク湖（二一九七メートル）に到着した。

この湖の正面には五、六年前に来たイタリアのモロ峠が見える。湖を一周するハイキングに出発した。途中、私がしんどくなったので谷さん、乙藤さん、趙さんが付き合ってくれて、元のコースをバックすることになった。それでも三時間のコースだった。高山植物が多い。

次の日、ロープウェイで三五六〇メートルのミッテルアラリンまで行き、たくさんの人達のスキーを見る。今年はスイスの各地で雪がなく、スキーヤーはこのミッテルアラリンに集中しているようで、子供から大人まで大勢のスキーヤーでにぎわっていた。

夕食はチーズフォンデュ屋さんで、スイス料理を食べた。三種類のチーズ、白ワイン、ヤマモモの蒸留酒などで味付けされた料理はうまかった。

ツェルマットからヴェンゲン

八月六日（日）はサースフェーからツェルマットに移動した。八時四五分のツェルマット発ゴルナーグラート（三一〇五メートル）行きの列車でゴルナーグラート駅に向かった。まず、ゴルナーグラートからローテンボーデン、そしてリッフェル湖まで歩いた。ここで一面のワタスゲの白い綿毛を前面にマッターホルンの写真を撮影した。ゴルナーグラートからはリスカム、モンテローザがすぐそばにある。これらの山々をよく見ることができてうれしかった。

リッフェル湖からゆっくり歩いてリッフェルベルクまで下り、ここのホテルで昼食にすることになった。このホテルの前ではこの夏の間「ロミオとジュリエット」の演劇をやっており、私達は昼食をしながら俳優たちの練習を見ることができてよかった。

八月七日（月）、今日はマッターホルンの近辺のハイキングの日である。元気な人はマッターホルンの登山口のヘルンリー小屋までの往復六時間のハイキング、他の人はシュヴァルツゼー、ツムット氷河、ツェルマット四〜五時間のコースと二手に分かれてハイキングした。私は心臓が重く、シュヴァルツゼーの周辺で高山植物を見て趙さんと一緒にロープウェイで下山した。

八月八日（火）、この日はツェルマットからヴェンゲン（一二七四メートル）に移動した。一二時過ぎにヴェンゲンでロープウェイに乗ってメンリッヘンに出

ハイキングへ出発

て、私と私の付添人になってくれた趙さんの二人以外はクライネシャイデック、ヴェンゲンアルプ、ヴェンゲンまでのハイキングに出発した。五時間一一キロのコースである。

次の日はヴェンゲンからラウターブルンネンに出て、小型のポストバスに乗ってイーゼンフルー村へ行き、この村でロープウェイに乗ってズルワルトまで行った。ここからロープホルン小屋、そしてグリュッチアルプまでのハイキングを楽しんだ。

最終日はヴェンゲンからルツェルンに出て、木造の屋根付きのカペル橋をゆっくり見学。

この辺まで来ると私の心臓の調子はますます悪くなり、ここからチューリッヒ空港に出て、ソウル乗継で帰国したが、すぐに入院して三カ月間の入院生活でようやく生きかえった。それゆえ雑な報告書的な紀行文になってしまった。

第三章　老後初心忘るべからず

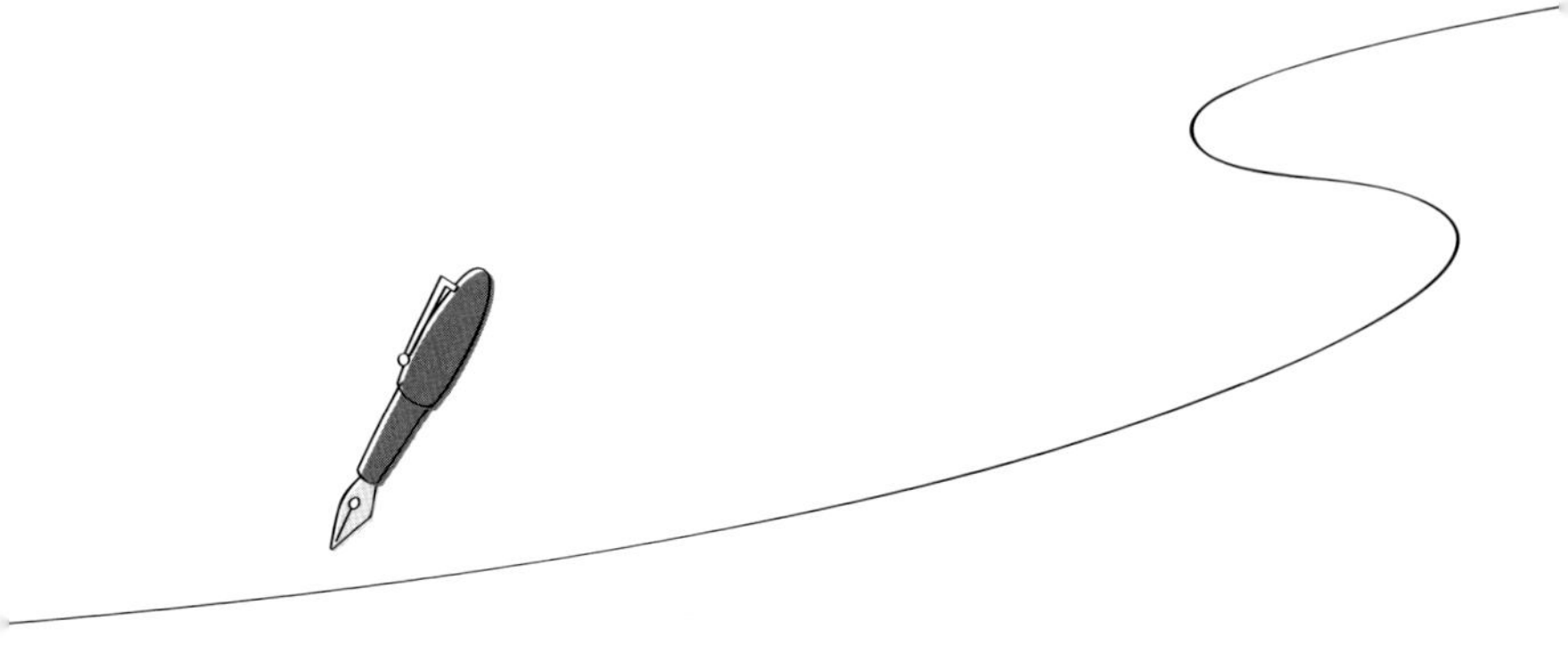

二枚の写真

同期の庄司宏さん

心臓病のおかげで、退院後数カ月自宅療養をすることになった。

自宅で自分の机の前に座って並べてある写真帳などをゆっくり見るなんてことは、この一〇年を考えてもなかったことであった。この中から昭和四〇年三月、東京高等裁判所から出てくる

庄司宏氏

同期一九期の庄司宏さんの写真を見つけた。庄司さんの後ろには私の女房の父親の庄司進一郎さんも写っている。

庄司進一郎さんと宏さんの二人が写っている写真は私にとっても珍しい。大変なつかしい写真だし、この日は私もこの写真の近辺にいたと思うので思い出して、あの頃のことを少し書いておくことにする。

昭和四〇年三月の日付は忘れたが、この写真は東京高裁において庄司宏さんに対する判決が言い渡された日のもので、無罪判決のあと、法廷から出てきた時のものである。

庄司さんは当時、外務省を休職中であり、私と一緒に司法試験の勉強をしており、前年の昭和三九年に私も一緒に司法試験に合格して、昭和四〇年四月から司法修習生になる予定であった。庄司さんは三月三一日までに無罪が確定しないことには修習生になれない、中途半端な合格者であった。

高裁の裁判長はこのことを知っていたのか、三月中に無罪が確定するならと考えて、急ぎに急いで判決期日を定めて判決をしてくれたのだと思う。昔はしゃれた裁判官もいたんだと庄司さんも私もありがたく思った。

庄司さんの「ラストボロフ事件」は自由法曹団の多くの団員が弁護人であったし、義父の庄司進一郎も毎回熊本から東京の法廷に出てきていた。

私がなぜ一緒にいたかというと、当時私はこのラストボロフ事件の証人調書や本人尋問調書を裁判所に行って謄写するアルバイトをやっていたので、それを団の四谷事務所に届けたり、法廷に傍聴に行ったりして、この事件にかかわりを持っていた。又、女房の父親が東京に来た時はいつも東京弁護士会館食堂で柳川鍋を食べさせてくれていたので、必ず会いに行っていたことも理由の一つである。

調書の謄写などでラストボロフ事件についてはある程度わかっていたが、司法試験に合格する昭和二九年の五月、択一試験が終わってから論文試験まで二人で軽井沢の庄司さんの友人の別荘を借りて勉強していたことがある。法律の試験勉強のことは私の方が教えていたが、外務省の外交官の仕事のこと、哲学のこと、朝鮮戦争のこと、ラストボロフ事件のことなど、いろいろなことは庄司さんが話を聞かせてくれた。外交官は礼儀作法や服装などにもうるさいらしく、私にもよく説教してくれたが、私のだらしないのは今もなおらず、女房にいつも文句を言われている。

まさか同じ年に合格するとは思わなかったので、庄司さんが合格したのには驚いてしまったが、やはり哲学などきちんと勉強しておくと論文などもいいのが書けるのだと思った。

庄司さんは同期で木津川事務所の鈴木康隆弁護士と同じクラスだった。

弁護士に登録してからは歩く道は大きく違ったが、私が自由法曹団の常任幹事会に行ったと

仙台こけし旅館　広津和郎氏

きに、自由が丘の家に泊めてもらい、いつも囲碁の相手になっていたが、おたがいややこしい世の中のことは話さなかったと思う。

広津和郎の珍しい写真

庄司宏さんのことを書いたが、この人の長男は庄司元《はじめ》さんで、私の女房のいとこである。元さんは、おやじが逮捕された時は中学三年で、家宅捜索で警察官が沢山自宅に押しかけてきた時は、たまたま一人であった。捜査中、家の八畳の間の真ん中にどんと椅子を置いて座り込んで、執行の立ち会いをしたことで女房の両親にも有名な話で、私も女房から何回も聞かされた。

元さんにとっては、こんな親のこともあってか高校時代は松川事件の後援活動にどっぷりはまり込み、そのおかげで広津和郎とも親しくなり、いつもそばにいて、広津の写真や松川裁判の写真を撮り続けていたという経歴の持ち主である。

一九九九年は松川事件五〇周年の年で、私は学習会において「松川事件と大衆的裁判闘争」というテーマで報告しようと考え、準備をしていた。たまたま庄司元さんが奈良の古代史跡を歩きにきて生駒のわが家に泊まった。

その際に松川事件や広津さんの話をすることになった。庄司元さんは私に「広津和郎の写真は沢山あちこちに出ているが、仙台での門田判決前夜の広津和郎の写真を持っているのは自分だけ」と思い出話をしてくれた。

私は見せてもらったこけし旅館での門田判決前夜の広津和郎の写真をもとに『弁護士の散歩道Ⅲ　おもいでの記』に「門田判決前夜の広津和郎」と題してこの写真を紹介したのである。

私の『弁護士の散歩道Ⅲ　おもいでの記』を今年五月の福島での自由法曹団常任理事会に提出しようと考えたが、少々恥ずかしかったので鶴見弁護士にそっと贈呈した。

この本に使った広津和郎の写真以外、もう一枚を昔の写真を整理して見つけ出したので、これを紹介しようと思った。

広津和郎や写真のことを書く前にちょっと横道にそれて思い出すことを書くことにする。

まず、九州田川の角銅立身弁護士である。この人は、秋田鉱専を卒業して炭鉱で管理職をしていた。労働者の側で活動する諫山弁護士を見て、労働者側の弁護士になろうと決意して会社を退職し、私と一緒の寮に来て勉強をはじめた。日曜日以外は休まず、一日一〇時間、三年間勉強して合格（一七期）し、死ぬまで労働者市民のため働き続けた。

次は大学一弁護士、二〇期。

この人は国鉄の線路工夫をしていた。大学は通信教育。松川事件で自分の経験から事件を起こすのは不可能とわかっており（小さなスパナで線路をあげられない）、なんとか松川の弁護団に入りたいと考え、勉強をはじめる。

私より一期遅れて二〇期合格、福島で弁護士をはじめるが、松川運動の世話をずっと続けてきた。東北の地震で家がなくなり、九州の角銅さんのところに避難する。角銅さん死亡後、後を引き継いで田川で仕事を続けている。

松川事件といえば、この中では大学一弁護士で、線路工夫をしながらよく司法試験などやろうと思ったものだと感心する。彼が合格した時は松川一四年のたたかいは法廷闘争としては終わっていたが、その後の様々なたたかいに一貫して中心になってやってきた。

松川のたたかいは、こんな人が山ほど日本中にいたので、やっと勝てたのだと思う。

広津和郎と松川裁判

この度、病気になって家で安静にしろということになり、いろいろな本を読んだが、その一冊に大塚一男の本がある。『回想の松川弁護』（日本評論社）では広津和郎のことを詳しく書いているし、岡林辰雄弁護士のことはていねいに批判している。

岡林辰雄弁護士については、きつく怒られたこともあるし、いろいろ思い出すこともある。ちょっと入院中に思い出したことがあるので、書いておきたい。

医者も私の周りも、心臓病で私が死ぬかもわからないというものだから、私も死とは何かと少し考えた。「死ぬ」とは静かにこの世から消えてなくなるものとイメージしていたが、「死ぬ」まではにぎやかすぎるものだと、まず感じた。何回も腕から血液を採取する、心臓のレントゲンをいろいろな方法で撮る、心臓のエコー撮影も長時間かかるし、心電図の検査も大変だし、心臓の手術も四時間近くかかって、部分麻酔なので、手術中もにぎやかだった。こんなにいろいろなことをして死んだとしたら、にぎやかで、やすらかな死とはほど遠いものだと思った。他人が見ると自分の感じる死とは少々違うのではないかと思った。

岡林辰雄弁護士の息子さんが大学の時、交通事故で死亡した。岡林弁護士はお返しに湯飲み茶碗を配ったが、その茶碗に「生死一瞬」と書き込まれていた。これは庄司元さんから聞いた話である。

私はこの言葉をなぜか思い出した。確かに息子が突然交通事故などで死亡すると親にとっては生死一瞬だなあと思うだろうなあ。しかし、死ぬ本人にとってみれば死ぬまでの時間が長くても短くても「生死一瞬」ではなく、もう少し別のものではないかと思った。

今は器具を心臓に入れて道具の力で生きているのだが、生と死の世界を少しうろうろして、新しく又生きているような気持である。

広津さんのことに戻ることにする。

松川事件にとって広津和郎さんは神様以上の人である。

昭和二八年四月号から中央公論に「松川裁判」を四年半に及んで書き続けたのだが、途中、志賀直哉が「広津君、小説など書かないでこれ一本に全力をそそぎなさい」と激励したと大塚一男弁護士は紹介しているが、小説家、文学者といわれてきた広津和郎にしてみれば、うれしいのかどうかわからないと思う。

しかし広津さんはカッカとして怒ったりは全くしなかった。これが彼のえらいところで、戦前の厳しい時代から「散文精神」として主張してきたことが、まさに松川の中でも生かされたと思うのである。

散文精神とは何かは、これからも私達が活動していく上で参考になると思うので、長いが書いておきたい。

『散文精神について』（昭和一一年一〇月一八日講話）

「近頃はロマンティシズムの台頭を主張する人たちがあります。林房雄君などがそれで、日本は今や大きな飛躍をしつつある。大陸に向かって新しい飛躍をしつつある。そこに大きな希望があり、大きな夢があり、そしてロマンティシズムの台頭しなければならない理由があると、こうその一派は主張するらしいのです」……「散文精神を主張……」「私流にこの言葉がこの時代にどういう意味を持つものであるかということを述べてみたいと思います」

「それはどんなことがあってもめげずに、忍耐強く、執念深く、みだりに悲観もせず、楽観もせず、生き通していく精神――それが散文精神だと思います。……じっと我慢して冷静に見なければならないものは決して見逃さずに、そして見なければならないものに慴えたり、戦慄したり、目を蔽うたりしないで、何処までもそれを見つめながら堪えて堪えて生きて行く精神であります。……林君流のロマンティシズムなど芽生える余地は現在のこの国には絶対ありません」

こうした広津さんの散文精神は松川運動の中で「憤りを小出しにして持続させなければならない」といつも語ることによって生かされてきた。

もう少しわかりやすく解説しておきたい。

松川裁判の終わった直後、婦人公論昭和三八年一一月号の佐多稲子氏との対談「松川裁判の教訓」で次のように語っている。〈『回想の松川弁護』一九頁〉

「一つの真実が日の目を見るのには、一人ひとりの思いを爆発させないで総体のエネルギーとしてじっくりやっていかなければいけないということですね。一つの例がこの前の最高裁（三四年八月）の判決ですね。あの時、七対五で仙台に差し戻されたわけですが、もしこれが六対六だったら、たいへんなことです。このたった一人の裁判官を動かすのに十年の努力が必要だったことを考えなければいけないと思うのです」

「とにかく、めげずにどこまでも訴え続けてここまで来たのだから、やはりあきらめるのはいけないですね。正しいと思ったことはあきらめないで、どこまでもやるべきです。この裁判で得た貴重な教訓はたった一つ。一つの真実を明らかにするためには、はかりしることのできない厖大なエネルギーの結集が必要なんだということを痛切に感じましたね」

「たった一人の裁判官を動かすのに十年の努力が必要だったことを考えなければいけない」という箇所を読んだ時は、あの当時のことを思い出して、胸にぐっときた。さきに書いた仙台高裁の門田判決の時は、東京の目黒区だけでも三〇台のバスを出して、松川守る会の人が仙台まで行ったと、庄司元さんも私に話していたことも思い出した。

福山孔市良さんの古希を祝って

弁護士　鈴木　康隆

福山孔市良さんが、古希を迎えました。福山さんは、中央大学を卒業し、一九六五（昭和四〇）年に研修所に入りました。私と修習が同期で十九期です。私は、福山さんとは研修所で知り合って以来四〇年以上の付き合いです。

福山さんは、一九三八（昭和一三）年に大阪で生まれました。福山さんが出した三冊目の本『おもいでの記』（弁護士の散歩道Ⅲ）に生い立ちのことを書いています。これによると、福山さんは、六人兄弟姉妹の長男とのことです。お父さんは昭和十八年に戦争に行き、二十一年に復員してきたのも束の間で、翌年には、今度は戦犯で又南方の

鈴木康隆氏宅にて囲碁

島につれて行かれてしまったとのことです。幸い人違いということで無罪にはなったものの、その間数年間は父親は居らず、六人の子供達をもっぱらお母さんの手一つで育ててきたとのことです。戦後の食糧難の苦しい時代、お母さんがヤミ米の買い出しに行き、駅で待っている当時小学校四年生くらいであった長男の福山さんがそれを受け取り、自転車で家まで一目散に駆け抜ける。警察に捕まれば、せっかく苦労して買い出してきたヤミ米は没収されてしまうからです。

当時研修所では、青法協活動は実に活発でした。五〇〇人の修習生のうち、半分くらいは青法協に入っており、中には「自分は、民主的検事になる」等といいだす者も出てきました。後期修習では、福山さんは副議長の一人でしたが、会議でしばしば議論が錯綜していました。そういうときこそ福山さんの出番で、口に泡を飛ばしていた人たちを、あの大阪弁で丸め込んでしまう才能は、他の人にはマネのできないものでした。

研修所を出て、一九六七（昭和四二）年に弁護士になり、大阪で活動を始めました。青法協で活動した同期に

加藤充法律事務所入所時

第19期　青法協の仲間と高野山にて

は、河村武信、永岡昇司、田中征夫などの人たちがいました。福山さんと田中君は、加藤充法律事務所（今の大阪法律事務所）に、河村さん、永岡さん、それに私は東中法律事務所（今の関西合同法律事務所）に入りました。

当時、自由法曹団の旗を掲げていたのは、大阪ではこの二つの事務所ぐらいでした。ところが、当時福山さんたちが入った加藤事務所は未だ、戦前加藤先生がやっていた無産者法律相談所の古色蒼然とした面影を色濃く残していました。そして、貧乏で有名でした。さすがに欠配はなかったものの、給料の遅配などはしばしばあったよう。しかし、福山さんたちは「人はパンのみに生きるにあらず」といって敢然として加藤事務所に入ったのです。それでも、やはり貧乏にはこたえたと見えて、福山さんは自由法曹団の総会などで「労働弁護士は闘う商人である」という迷演説をしてみんなを煙に巻いたのは、別に奇をてらったのではなく正に福山さんの実感から出た言葉でした。こうして福山さんは、実際にも、その後入った大川真郎さんなどと一緒に、加藤事務所の経営の近代化に取り組み、イメージ転換を図るのに成功しました。

一九六七（昭和四二）年ころから七〇年代にかけては、まだ吹田事件の控訴審が闘われており、他方、たくさんのビラ貼り弾圧事件もあり、さらには解同事件ありで、大変忙しい時期でした。その頃商都交通の全自交のタクシー労働者一三名が違法な争議行為をしたとの理由で、逮捕起訴される事件が起こりました。福山さんは、その弁護団の事務局長として奮闘しました。弁護士を四〇年以上もやってきたのですから、まあこういった事件の話には事欠かないでしょうが、それらはご本人が書いているところに譲ります。

自由法曹団大阪支部は、一九六六（昭和四一）年に結成されました。そして福山さんは、弁護士になった翌年の一〇月に支部の事務局長になりました。何分にも団支部は石川元也団員の肝いりで作られたため、当時はいわば石川自由法曹団といった感じで、いまだ支部の体制が十分確立していたとは言い難い状態でした。福山さんが事務局長になり、五年間事務局長をしている間に大分支部らしくなってきました。そして、一九六九年にいわゆる解同問題が起こるや、自由法曹団大阪支部しかこの問題は扱えない、ということで支部活動もにわかに忙しくなってきました。石川幹事長の指揮の下、福山さんも大いに奮闘したのです。

その後、福山さんは支部の幹事長、そして支部長をやり、団支部の活動には大いに貢献してきました。もっとも幹事長時代は、「君臨すれど、統治せず」などとイギリスのエリザベス女王のようなことを言って、大方は事務局長に任せていました。

私たちの仲間では、福山さんほどたくさんの趣味を持っている人はいないのではないかと思います。まず旅行です。福山さんは、昭和四〇年の後半頃からヨーロッパへ出かけていました。妹さんがモスクワ大学に、弟さんがイギリスにそれぞれ留学していた等の事情があったとはいえ、まだ私たちにはヨーロッパ旅行などは夢のような話でした。

その後福山さんは、自由法曹団大阪支部の団員を募って「レジスタンスの歴史を尋ねて」等というもっともらしい名前を付けて旅行を企画しました。そのうち面倒くさくなったのか、そんな名前はやめてしまい毎年参加者を募って旅行に出かけています。それは今や福山旅行社といわれるようになり、大阪の仲間ではかなり有名になっています。この旅行社の行き先はもっぱらヨーロッパで、あまり人の行かないところへ行くのが特徴です。今年は、スペインのバスク地方へ行ってきました。

福山さんの趣味は、スキー、山登り（もっとも最近は心臓を悪くしたので山の写真を撮っている）、それに絵画、焼き物、六〇歳を期して始めたという三味線、長唄など実に多彩です。三味線では、数年前に大阪の文楽劇場で発表会があり、私たちも見に（聞くのではない）行きました。和服に袴をはき、まるで人間国宝のような顔をして、三味線を弾いていました。

福山さんは、一九九三年に『弁護士の散歩道Ⅰ』を発行しました。以後一九九八年五月に

『ヨーロッパの風景　弁護士の散歩道Ⅱ』、二〇〇四年六月に『おもいでの記　弁護士の散歩道Ⅲ』、そして今年の二月に『山と花　ちょっと寄り道　弁護士の散歩道Ⅳ』とこの十五年間に実に四冊も出版しました。これらはいずれも弁護士の生業とは全く関係のない、旅、花、人、焼き物、歴史といったようなもので、普通の人なら一冊出すだけでも大変なのに四冊も出したということは、いかに弁護士以外のことに力を注いできたかを示しています。

ともあれ、福山さんが入った加藤充法律事務所はその後大阪法律事務所と名前を変え、現在は十一名の弁護士を擁し、大阪の民主的な法律事務所として大きく発展をしました。その中にあって福山さんは、かつての無産者法律相談所の様相を帯びていた事務所を近代化し、加藤先生が事実上引退されてからは、久しきにわたって大阪法律事務所のトップとして、事務所の団結を維持し、その発展に大きく貢献してきたことは、多くの人が認めているところです。福山さんは、所員を叱咤激励するというのではなく、もっぱら「君臨すれど、統治せず」で、若い弁護士たちの自主性に任せていました。それでもなお団結が守られてきたのは、福山さんのおおらかな、優しい、そしていざというときには頼りになる人柄があればこそだと思います。

（注　福山孔市良の古希は一〇年前のことです）

「時の花」を求めて ―思いつくままに―

原因不明の難病、病名「特発性拡張型心筋症」という自分でもはじめて聞く病気で二〇一七年九月八日から一〇月一四日まで、天理よろず相談所病院に入院していた。はじめの頃は心臓の負担も大きかったのか、あまりテレビ番組も見る気がしなかった。しかし、一〇月二日（月）にペースメーカーを入れる心臓手術が終わったら少し元気になった。入院約一カ月後の一〇月八日の日曜日、テレビ番組に目をやっていると、織本順吉九〇歳のドキュメントが目に入ってきた。この俳優さんは時々脇役でお目にかかる人であった。顔はよく知っていたが、名前が織本順吉だとはは

2017年５月　軽井沢 白糸の滝

っきり知らなかった。

話の内容は、九〇歳の順吉さんが芝居の役をもらったのはいいが、なかなかセリフが憶えられず苦労する姿を娘さんがドキュメント風に撮影している番組である。僕も最近は物忘れがひどく、人の名前さえすぐに思い浮かばないことが多いので、つい関心をもってテレビに集中してしまった。

あとで調べると、この番組は二〇一七年九月二二日（金）八～九時に放送されたＮＨＫ　ＢＳ１「老いてなお花となる～織本順吉　九〇歳の現役俳優」の再放送だった。

このドキュメントの内容をもう少し詳しく書くことにする。織本順吉さんは、倉本聰さんからテレビ朝日の昼ドラマ「やすらぎの郷」に出演を依頼された。彼は喜んで引き受け早くからセリフを記憶しようと努力した。しかし、憶えてもすぐに忘れてしまう。しまいに不安で睡眠もろくにとれなくなってくる。

こんな織本さんの姿をドキュメント風に娘の中村結美さんが撮影していた。娘としては動揺する父の姿を見かねて北海道の倉本さんの家まで尋ねて行って、父のことを相談した。娘さんは倉本さんに父は「やすらぎの郷」に出演できることを心から喜び、早くから台本を読み、セリフを憶える努力をしてきた。しかし、いくら憶えようと努力しても、すぐ忘れてしまう。これではみんなに迷惑をかけてしまうにちがいない。役を辞退したいと悩んでいるのだが、どうしたらよいだろうかということだった。

娘さんの質問に対して倉本さんは「老いてなお咲く時の花もある」と多分『花伝書』の中にある言葉を娘さんにその場で伝えて、ドラマへの出演を強く勧めた。この話を伝え聞いて元気を取り戻し、おかげで織本さんはこのドラマに出演して、芸能界のドンの役を立派にやりとげ、たくさんの人を感激させたという内容である。

この番組を見ていて「老いてなお咲く時の花もある」という倉本さんの言葉に強くひかれて心に残った。

「花」というからには花伝書の「花」であろうし、「時の花」の「時」は織本さんが九〇歳なのだから老齢の人間にもそれにふさわしい「花」があるという意味であろうと考えた。これを見た病人の僕は七九歳であるが、僕にとって「時の花」とは一体何か考えてみよう。退院したらすぐ『花伝書』を買って勉強しようと思った。

「花」とは何か

「花伝書」の内容について

二〇一七年一〇月一四日に天理よろず相談所病院を退院して、すぐ『花伝書（風姿花伝）』（世阿弥、講談社）、『花伝う花―世阿弥伝書の思想―』（上野太祐、晃洋書房）、『世阿弥』（今泉淑夫、日本歴史学会編集、吉川弘文館）などを取り寄せて、ざっと読んでみた。『花伝書』といえば瀬戸内寂聴の『秘花』（新潮社）を読んで世阿弥のこと、『花伝書』のことを知ったぐらいが基礎知識であって、ほとんど勉強したことはない。寂聴の『秘花』という題名は『花伝書』の中の第七別紙口伝に「我が家《いへ》に秘事として、人に知らせぬをもて、生涯の主になる花とす。秘すれば花、秘せねば花なるべからず」と記されたところから採用されたものである。

また『花伝書』といえば世阿弥の考えを書いたものであると思い込んでいたが、本当の著者は世阿弥の父、観阿弥であって、世阿弥は単なる筆記者（編者）にすぎない。そして今から六〇〇年も前に書かれたのであるが、数百年間、世に知られずに過ぎてきた秘伝の書で、明治の終わりにやっとその存在が知られたのである。

『花伝書』は滑稽卑俗な物まね芸能である「申楽《さる》」をどのように芸として稽古勉強をするのかを書きつけたものである。『花伝書』の第一には「年来稽古条々」として申楽の芸の稽古はじめより終わりまで年代によってその内容が紹介してある。七歳、十二三より、十七八より、

二十四五、三十四五、四十四五、五十有余と七段階に年齢を分けて解説してある。ただ、これが書かれたのは約六〇〇年前とするなら、現在とは平均寿命からしても違うことを知っておかねばならないと思う。

練習のはじめが七、八歳でだんだん進んでいくのはよいが、当時の平均寿命が四〇歳以下として、五〇歳ともなれば老齢と思われるので、五十有余となれば現在では七五歳から八〇歳くらいで考えねばならないと思う。

世阿弥の父親の観阿弥が五二歳の五月一九日に死亡するのだが、その死の一五日前に浅間神社で申楽をした様子を書いている。「この日の申楽がことのほか美しく目立ち上も下も見物の人々が皆一同にほめそやした」とのことである。

その理由として、次のように五二歳の父の芸について書いている。「大体、亡父は、その頃には色々の芸の見せ場はもはや若い者に譲ってしまって、極くやりやすいものを控え目に色どってやりましたが、花は一段とすぐれて見えたのであります。これは真実芸道を会得した結果の花であったがゆえに、その能は衰えて枯葉も減った老木になっても、花だけは散らないで残っていた」と書き、「眼前確かに老骨に残っていた花の証拠」と述べている。

原文をもう一度書くと「これ真に得たりし花なるがゆえに、能は、枯葉も少なく、老木になるまで、花は散らで残りしなり」ということになる。

ここでは「老骨の花」として花が登場してくる。現代流では観阿弥は五二歳だったとしたら、織本順吉さん並みに九〇歳ぐらいと評価してもよいだろう。

世阿弥が書いている「老骨の花」とは一体どんな花なのか、すぐには理解するのは難しい。

『花伝書』の中の「花」

『花伝書』第七別紙口伝の冒頭に「この口伝の目的は花をさとることである」と書きだして次のように続く。

「まず大体、自然の花が咲くのを見て、万事に花とたとえだしたわけをのみこむがよい。そもそも自然の花というものは、どの植物も四季の変遷につれて咲いていくものだから、それが丁度時節に調和しているので珍しく感じて人がもてあそぶのだ。申楽も同じように見る人の心に珍しいというところが、それをおもしろいと思う心理である」「花と、おもしろいということと、珍しいということと、この三つは同じ意味あいのものだ」と結論づけている。

この後、同じように次のようにも書いている。

「要するに、花というのは、見る人の心に珍しいと感ずるのが花である」。それだから「〈花〉と言っても特別に存在するものではない。芸の実力を養い、それを発揮する工夫を会得して珍しいという感じを心得るのが花というものだ。前に花は心、種は態《わざ》と言ったのもこれである」

申楽における花を以上のように説明しているが、花とおもしろいと珍しいの三つが同じものだと言われても、なかなか納得とはいかない。

「時の花」をどのように理解したらよいのか

「時の花」とは、老齢になってもそれなりに練習を重ね、先人の芸をとことん「まね」て芸を身につければ、存在そのものが見る人を楽しませてくれるのだ。それが「老いてなお咲く時の花」と理解していいのだろうか。

いい方をかえれば、老いて枯木のように姿も形も見えるように振るまい、時代を超越した仙人みたいになるのが老いた「時の花」なのだろうか。

倉本さんの言葉は老人であれば少々のことは許されてよいということではないのではないか。もう少しきびしい内容が含まれているのではないか。

「初心不可忘」初心忘るべからず

こんなことをいろいろ考えて『花伝書』を読んでいた。『花伝書』の中に「初心不可忘（初心忘るべからず）」という言葉が出てきた。これは、と思って詳しく読んでみることにした。

この「初心不可忘」という言葉は世阿弥の『花伝書』にはじめてみえるもので、世阿弥の教えそのものであるといわれている。

申楽や能をやる人も歌舞伎の役者も「初心」を経験せぬ者はないはずだから、「この教えは生涯求められる」態度だといえるだろう。

参考書として買った『花伝う花』（上野太祐著）を読むと「初心不可忘」について『花伝書』や他の世阿弥の書物『花鏡』などを分析して、わかりやすくまとめているので、まず紹介しておこうと思う。

「初心不可忘」の教えについては『花伝書』に二カ所、『花鏡』に一カ所出現し、その最も整理された形が『花鏡』のそれであると指摘して『花伝書』の二つから解説をはじめている。

まず「花伝書　第五　奥義に云わく」の記述では、目の肥えた見物人に能役者がその高度な芸を披露することは問題ないが、目の肥えていない見物人にはその芸のよさが伝わらないと思われる。どうしたらよいかと世阿弥は問題提起をしている。

答えは「このために能に初心を忘れずして時に応じて所によりて、愚かなる眼《まなこ》にもげにもと思ふやうに能をせん事これ寿福也」と述べている。

上野太祐さんはここでの「能に初心を忘れずしてとは、目の肥えていない人を満足させるために、特に〈初心〉の時分、世阿弥の言い分では二十四、五歳の頃に習得した基礎的な物まねの数々を忘れるな」との趣旨だと解説している。

そしてもう一つ「花伝書　第七篇第四条」にある「初心不可忘」は、能のことをよく理解し、何回も能を見物し

平湯温泉（2013年）
上からミズバショウ、
サンカヨウ、キヌガサソウ

ている固定したベテランを満足させるためにはどうしたらよいかと問題提起して答えを出しているのである。

「されば初心よりこのかたの、芸能の品々を忘れずして、その時々、用々に従って取り出すべし。若くては年寄りの風体《ふうてい》、年寄りては盛りの風体を残すこと、めづらしきにあらずや。……ただ返す返す、初心を忘るべからず」

この世阿弥の言葉だけではよく理解できないが、「二十四五の初心の頃から稽古した芸の数々を忘れずに保ち、場面に応じてそれを取り出すこと」がまず一般論としては求められるが、ベテランの見物人を相手にする時は、「メヅラシキ」芸の工夫が求められていると上野氏は解説している。引用文の「若クテハ年寄の風体、年寄リテハ盛リノ風体ヲ残スコト」が重視され、これを受けて「初心忘ルベカラズ」と語られているのである。

『花鏡』の「初心不可忘」について

上野太祐の『花伝う花』では、世阿弥の『花鏡』に出てくる「初心不可忘」を三つに分類して示している。

一つは「是非《ぜひ》初心不可忘」であり、二つ目は「時々《ときどき》初心不可忘」であり、三つ目は「老後初心不可忘」である。この三つの「初心不可忘」につき世阿弥の文を紹介し、一つ一つわかりやすく解説している。

まず「是非初心不可忘」については「是非初心を忘るべからずとは、若年の初心を不忘《わすれずに》、身に持ちてあらば老後にさまざまの徳あり。然者《しかれば》、今の位を忘れじがために、初心を忘れじと工夫する也」と引用して、具体的には若い頃の芸の未熟さを忘れると、今の芸をも見失う。そして若い頃の芸への反省の有無こそが、今の芸の是非を決める、これが「是非初心不可忘」であると解説している。

次の「時々初心不可忘」とは、「初心より年盛りの頃、老後に至るまで其時分時分の芸曲の似合たる風体をたしなみしは、時々の初心也」と世阿弥の言葉を引用している。

これは「初心より年盛りの頃、老後に至るまで」その各時分にふさわしい風体をやり手が初めて習得する時の在り方を「時々初心」ということだとしている。

最後に「老後初心不可忘」である。

「老後の初心を忘るべからずとは、命には終りあり、能には果てあるべからず。その時分時分の一体一体を習ひわたりて、又老後の風体に似合ふ事を習ふは、老後の初心也。老後初心なれば、前能を後心とす」。

老後になっても老後にふさわしい稽古をして新しいことを習うのであれば「老後」でさえも「初心」と捉えることができるという意味であろう。

いい方をもう少し変えれば、悟りきった「後心」にみるものと悟る前の「初心」にみるものとは、結局なんら変わるところはないと考えられるのではなく、世阿弥の老後の「初心忘るべからず」の考え方は「後心」を保つために「初心」を自覚せよ、あるいは「後心」もまた「初心」なのであると考えて老後の初心を深めるべきと主張したかったのだと思う。

「時の花」とは何か

私は『花伝書』や『花鏡』で書かれている「花」や「初心忘るべからず」などを総合して判断すると、倉本さんの「老いてなお咲く時の花」というのは以下のように考えるべきではないかと思う。

織本順吉さんは九〇歳で今なお役者を続けたいとがんばっていた。この姿は「老いてなお咲く」ではなく「老いてなお咲かす」時の花ではないかと思う。「初心忘るべからず」との関連でいえば「老後の初心を忘るべからず」であって、九〇歳を過ぎても生きているかぎり、その時々を全力で生きて前に進んでいかねばならない。老いてもやれる努力をして、役者なら客を喜ばさなくてはならない。

セリフを憶えてもすぐに忘れる、これは老いと共に必然の現象であり、気にせずおそれず、そのままの自分を肯定する、これこそ「禅」でいう「無事」ということではないか。

『花伝う花』の中で上野氏は「世阿弥と禅思想」について『碧巌録』を引用して次のように述べている。

「大徹大悟し終えても依旧《いぜん》として山は是山、水は是水、乃至一切万法悉く皆な成現《じょうげん》しての、方始《はじ》めて箇《こ》の無事底の人と作るべし」。

この意味は、「大徹大悟」し終えても、依然として山は山、川は川であり、一切がただありのままに在るということ以上ではない。それが禅宗で尊ばれているところの——一切の作為を離れた在り方〈無事〉とされている。

しかし、世阿弥は「老後の初心忘るべからず」を主張して禅宗の悟りである「一切の作為を離れて無事」ではなく、「老いてなお咲く時の花」と悟るのではなく「老いてなお時の花を咲かす」生きる努力をせよ、老後の初心にしての試みを忘れない心がまえで生きよ、「無事」を求めるなと禅宗の思想を一歩飛び越えているのではないかと、私は考えるようになった。

倉本さんが心の中でどう思って「老いてなお咲く時の花もある」と織本順吉さんに言ったの

かはわからないが、禅宗でいう「無事」を求めるのではなく「老後の初心忘るべからず」を求めて、がんばって役割を果たせと激励したのではないかと思う。

思い出すこと　片岡マサさんの俳句

この文章を書いていて、思い出すことがあったので、最後に付け加えておきたいと思う。

私が弁護士になった昭和四二年四月からの知り合いで昔、大阪の八尾で市会議員をしていた片岡マサさんが今も元気で東京の文京区に住んでいる。片岡さんは一九三四年十二月十七日生まれだから、私より四歳上で現在八十三歳である。彼女は二〇〇四年に夫を亡くしてから俳句を作り出した。四季を通じて現在も私に作品を送り続けてくれている。彼女の作品はNHK俳句や朝日新聞俳壇等にたびたび入選しており、これらの作品を選んで十二、三句紹介し、私の感想を書きたいと思っている。

片岡マサ氏

白菜の　葉裏の声や　星明り　　NHK　有馬　朗人　選

腺量計　凍《い》つるをしらず　雪間かな　　NHK　正木ゆう子　選

香しや　自由二文字の　筆はじめ　　NHK　岩岡　中正　選

負《おぶ》い紐《ひも》　きりり結ぶや　母遍路　　NHK　有馬　朗人　選

五月晴　ぴしりと切手　貼りにけり　　朝日俳壇　大串　章　選

美味なるも　何ぞ縄目の　目刺かな　　NHK　宇多喜代子　選

解釈の　余地など在らず　雪の峰　　朝日俳壇　長谷川　櫂　選

朝採りの胡瓜に若き歯型かな　　NHK　有馬　朗人　選

玉砕の　意味を問ふ子や　敗戦日　　NHK　高野ムツオ　選

開演の　ベルや春着の　波立ちて　　NHK　片山由美子　選

豁然《かつぜん》と　極大九条　梅雨明けぬ　　朝日俳壇　金子　兜太　選

亡夫に似し孫の面輪や冬紅葉　　NHK　宇多喜代子　選

あと一つは『秘花』（瀬戸内寂聴）を読んだ時、送ってくれた句である。

春の夜の　秘花の憂《うれ》ひや　能舞台

私自身は俳句は好きだけれども他人に読んでもらったり、どこかに発表したりするために句を作ろうと思ったことはない。しかし、五、七、五の短い言葉で芸術的かつ季節感を出した作品を生み出すのは容易なことではなさそうだ。

片岡さんは一句を作り出すには骨も皮も筋もぐにゃぐにゃになるくらい身をもんではじめて

五、七、五の一句をしぼり出すことができるのだと苦労話を手紙で書いてくることがたびたびあった。

八〇歳を過ぎてなお、これらの作品を作りつづけるのは、趣味の領域の話としても日々これ老後の初心忘るべからずの世阿弥の精神で生きつづけてはじめて可能なのだと思わざるをえない。これが片岡さんの俳句をわざわざ紹介した理由である。

以上のように書いてみたが、こんな年になって、少々はりきり過ぎているように思う。

「花は愛惜に散る」という言葉をどこかで読んだが、私もみんなに憶えてもらっているうちに散るのがよいとは思う。しかし、なかなかそうもできないのが自分なのかなぁと思ってみて筆をおくことにする。

二〇一七年十一月二九日

片岡さんからの手紙

おわりに

二〇一七年秋に心臓の難病になり手術をすることになった。そして心臓に器具を入れてもらって何とか生き続けている。今年は弁護士生活も五〇年を過ぎ、病気のこともあって、五〇年以上勤務した大阪法律事務所を退所して隣のビルで「こまくさ法律事務所」などとかわいい名前を付けて新しく法律事務所を開業することになった。いろいろなことがあったが、家族の者が記念に『弁護士の散歩道Ⅰ～Ⅴ』に一つ付け加えて『弁護士の散歩道Ⅵ』を出版したらどうかと言ってくれた。それでこの数年間あちこちに書いた紀行文などに少し思いつきで書いた随筆風のものを付け加えて出版することになった。まあ、自分の「思い出の記」のようなものである。

毎年一二月末から翌年の三月末にかけてこの一〇年、スキーシーズンになると仲間の弁護士や友達と滑りに出かけてきた。主に青森の鯵ヶ沢高原スキー場と北海道のキロロスキー場である。

ただ、平成二九年からのシーズンは、スキーはいかんと止められてしまって、十数年来はじめてスキーをはかない冬を迎えることになった。

しかし、私も三〇年一月二六日の誕生日で八〇歳を迎えるし、いつも一緒に滑っている谷智恵子弁護士は七〇歳、森實安規子さんは六〇歳、三年前から仲間になった学者の中島将隆先生も八〇歳ということで一月二〇日、青森の鰺ヶ沢高原スキー場で傘寿と古希と還暦のお祝いをすることになった。このお祝いの写真をこの本に掲載できてうれしい気分である。

これからも生きている限り、仕事はボチボチ、民謡や三味線、旅は死ぬまで続けたいと思っている。囲碁はもう少し強くなりたいと無理なことも考えている。

この本は清風堂の奥村礼子さんに苦労をかけて急ぎまとめてもらったおかげで出版できたものだと思っている。心から感謝している。

以　上

お祝いの会

著者　福 山 孔市良（ふくやま　こうしろう）

1938年大阪市に生まれる。
大阪府立天王寺高校・中央大学法学部政治学科卒業、
弁護士。
1967年より大阪法律事務所に勤務、2018年１月退所。
2018年より弁護士法人こまくさ法律事務所。

著書　『弁護士の散歩道』
『弁護士の散歩道Ⅱ　ヨーロッパの風景』
『弁護士の散歩道Ⅲ　おもいでの記』
『弁護士の散歩道Ⅳ　山と花ちょっと寄り道』
『弁護士の散歩道Ⅴ　歴史と花を巡る旅』

弁護士法人こまくさ法律事務所
大阪市中央区上汐２丁目４－６
上六センタービル地下１Ｆ
Tel　06－6718－4008

カバー・表紙・扉デザイン
／上中志保

弁護士の散歩道Ⅵ　時の花を求めて

2018年４月10日　初版　第１刷発行

著　者　福　山　孔市良
発行者　面　屋　龍　延
発行所　清 風 堂 書 店
〒530-0057　大阪市北区曽根崎２-11-16
TEL　06（6313）1390
FAX　06（6314）1600
振 替　00920-6-119910

制作編集担当・奥村礼子／長谷川桃子

印刷・㈱関西共同印刷所／製本・立花製本

ISBN978-4-88313-873-9 C0095